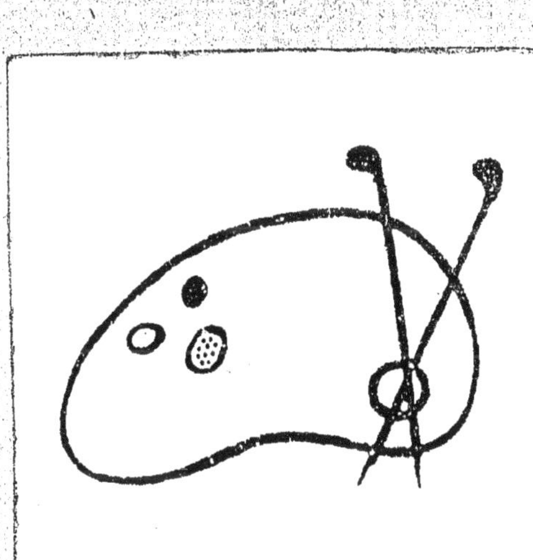

Couvertures supérieure et inférieure
en couleur

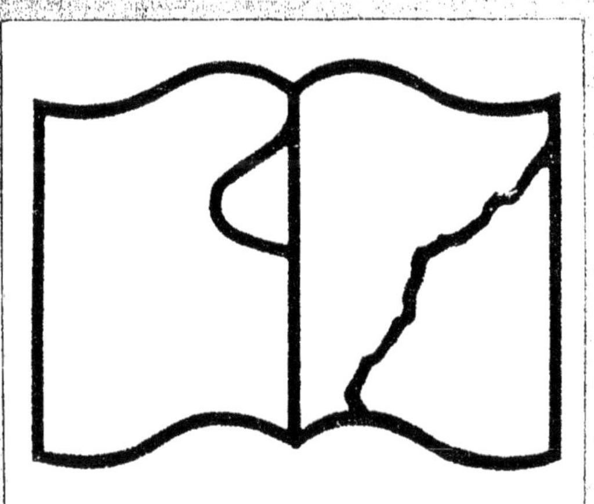

Texte détérioré
Marge(s) coupée(s)

CHARLES LE GOFFIC

Fêtes et Coutumes
populaires

LIBRAIRIE ARMAND COLIN

CH. LE GOFFIC

Fêtes et Coutumes
populaires

DU MÊME AUTEUR

" La Petite Bibliothèque "

Série B.   *Histoire anecdotique.*

Fêtes et Coutumes

populaires

Les Fêtes patronales — Le Réveillon — Masques
et Travestis — Le joli Mois de Mai — Les Noces
en Bretagne — La Fête des Morts — Les Feux de
la Saint-Jean — Danses et Musiques populaires

PAR

CHARLES LE GOFFIC

25 GRAVURES

Librairie Armand Colin

Rue de Mézières, 5, PARIS

1911

A MA PETITE HERVINE

FÊTES ET COUTUMES POPULAIRES

Introduction.

Les fêtes et les coutumes populaires!

L'admirable matière, mais si vaste! Une vie ne suffi-rait pas à la traiter. Comment donc la faire tenir en quelques pages? Mais on ne s'est proposé ici que d'effleurer le sujet et l'on a choisi, parmi les fêtes populaires, les plus connues et les plus anciennes.

Ce ne sont pas toujours les moins curieuses, ni — bien qu'elles n'aient pour la plupart rien d'officiel — celles que le peuple chôme avec le moins de plaisir. Il ne les chôme pas toujours dans un esprit très orthodoxe; il lui arrive même d'avoir complètement oublié le sens du rite héréditaire auquel il se plie et on l'étonnerait fort en lui révélant que les boudins de Noël, par exemple, sont un souvenir du sanglier que les Celtes sacrifiaient, au solstice d'hiver, en l'honneur de Bélénus, le dieu solaire. La plupart de nos coutumes populaires sont ainsi de très lointaines survivances; en nous penchant un peu, nous discernerions sous chacune d'elles toute une cosmogonie

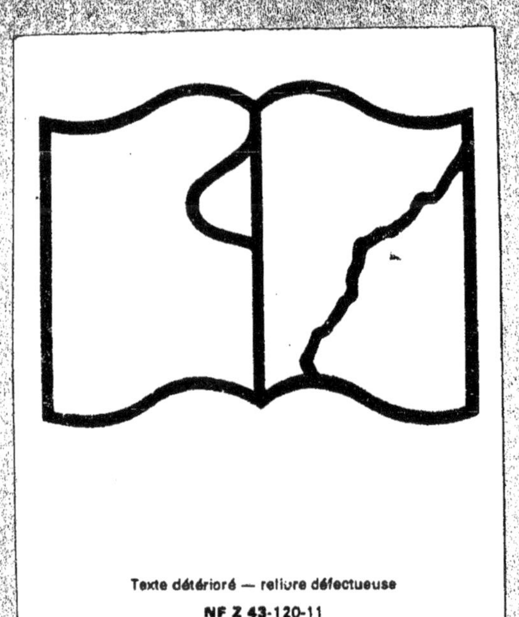

Texte détérioré — reliure défectueuse

NF Z 43-120-11

primitive; nous reconnaîtrions le travail profond des vieilles imaginations aryennes, leur essai d'une explication naturiste de l'univers.

Et peut-être que la vertu secrète de ces coutumes est là : elles sont aussi anciennes que la race; elles se sont chargées en route de sens nouveaux et parfois contraires; elles ont emprunté sans compter aux diverses ⸱, celtique, latine, catholique, qui ont fait l'âme ⸱onale. Mais cette plasticité même, cette souplesse à s'adapter à nos divers états de civilisation, n'est-elle pas la meilleure preuve de leur vitalité?

Avant de sourire d'elles, tâchons d'abord de les comprendre. Qui les aura comprises ne tardera pas à les aimer.

Сн. Le G.

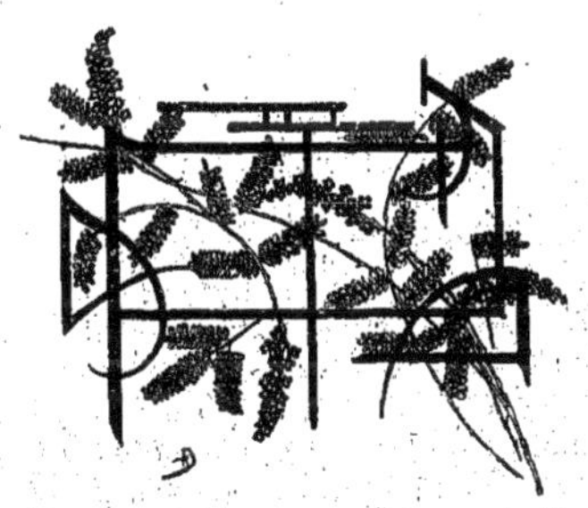

Les Fêtes patronales.

Chaque corps de métier avait autrefois son patron
spécial dont il célébrait la fête à certains jours de
l'année. Le choix de ces patrons n'avait pas été
laissé au hasard. S'il est vrai que quelques corps de
métiers, afin de mieux honorer leur fondateur ou
leur chef, se mirent sous le patronage du bienheureux dont il portait le nom, il est plus juste de dire
que la vie même des bienheureux dont on avait fait
choix avait servi dans la plupart des cas à les dési-
gner aux fidèles. C'est ce qui explique que saint
Hubert, lequel était un grand veneur d'Aquitaine,
soit devenu le patron des chasseurs, et que saint
Yves, qui fut avocat et ne vola jamais ses clients,
comme l'affirme le dicton populaire :

Sanctus Yvo erat Brito,
Advocatus et non latro,

soit devenu celui des gens de justice. Sainte Cécile
n'avait pas moins de titres pour devenir la patronne
des musiciens. Les actes de cette bienheureuse,

qui mourut vierge et martyre, nous disent qu'elle
« unissait souvent le son des instruments à sa voix
pour chanter les louanges de Dieu ». Le ciel s'en
mêlait et il arrivait que, pris d'émulation, des anges,
comme dans le tableau de Gérard Seghers, l'accompagnaient sur la flûte et le psaltérion. Cette céleste
musique lui fit cortège jusqu'à la mort. Dans sa
prison, et, plus tard, dans l'arène où elle avait été
jetée aux bêtes fauves, on prétend que ses bourreaux, émerveillés, entendaient frémir autour d'elle
des lyres invisibles. Peut-on s'étonner après cela
que les musiciens l'aient prise pour patronne?

Sa fête est célébrée chaque année par des cantates
et des concerts orphéoniques où rivalisent les plus
renommés des artistes. C'est que sainte Cécile est
restée avec saint Hubert, saint Crépin, sainte Barbe,
saint Éloi, saint Yves et saint Fiacre, la plus populaire des patronnes de corporations. Encore, pour
saint Fiacre, est-il assez malaisé d'expliquer que les
bonnetiers et les jardiniers lui aient voué un culte
si fervent. On dit bien que Fiacre était fils d'un roi
d'Écosse et que c'est d'Écosse que sont venus les
premiers ouvrages de bonneterie faits au tricot. Il y
a loin de là pourtant à conclure qu'il en fabriqua
lui-même; et, s'il est vrai aussi que, venu en France
vers l'an 650, il bâtit un hospice près de Meaux,
dans un village qui porte encore son nom, rien ne
prouve qu'il s'y soit livré au jardinage.

Sait-on, d'ailleurs, pourquoi saint Arnould est le
patron des brasseurs, saint Odon le patron des
fripiers, saint Roch le patron des plafonneurs, saint
Maurice le patron des teinturiers, saint Paul le
patron des cordiers, saint Antoine le patron des
vanniers, saint Sylvestre le patron des sauniers et

saint Jean le patron des compositeurs typographes?
Il ne faut voir là, sans doute, qu'une marque de la
dévotion particulière des premiers fondateurs de la
corporation à ces bienheureux. On ne s'expliquerait
pas autrement que saint Médard, par exemple,
lequel fut évêque de Noyon sous Childéric et,
durant les longues années de son épiscopat, posséda
le don de guérir, d'un simple attouchement, ses
ouailles qui souffraient de névralgies, ait été choisi
comme patron par les marchands de parapluies et
non par les dentistes.

On s'explique mieux en revanche pourquoi sainte
Catherine est devenue la patronne des vieilles
filles. Il paraît qu'autrefois, dans quelques provinces, quand une jeune fille se mariait, l'usage
était de confier à une de ses amies le soin d'ar-
ranger la coiffure nuptiale. Ce service devait lui
porter bonheur et elle ne pouvait manquer de se
marier à son tour dans le courant de l'année. L'expression *coiffer sainte Catherine* serait donc une
simple ironie. Cette sainte étant morte célibataire et
n'ayant jamais eu besoin qu'on lui rendît pareil service, *coiffer sainte Catherine* équivalait, pour une fille
mûre, à un brevet de célibat. Il est vrai d'ajouter
qu'à côté de sainte Catherine les demoiselles dési-
reuses de se marier trouvent dans sainte Agnès
une patronne plus complaisante. La fête de cette
sainte tombe le 21 janvier. Or, si la légende dit vrai,
les jeunes filles qui invoquent la sainte d'un cœur
fervent voient en rêve, dans la nuit du 20 au 21,
l'époux que le ciel leur destine. A Rome, la Sainte-
Agnès est célébrée avec un éclat extraordinaire.
C'est ce jour-là que les chanoines de Saint-Jean-de-
Latran se réunissent pour porter au Souverain

Pontife deux agneaux blancs dont la laine doit servir à confectionner le *pallium* que le pape, en certaines circonstances, offre aux archevêques et aux évêques dont il veut récompenser les mérites sacerdotaux. Le *pallium* se compose d'une bande de laine blanche, large d'environ deux centimètres et garnie de pendants terminés par de petites croix noires qui retombent tout autour des épaules. Innocent III, dans un de ses brefs, nous apprend « que la laine dont est fait cet ornement est l'emblème de la sévérité ; la couleur blanche celle de la douceur. Le *pallium* forme un cercle autour des épaules pour marquer la crainte de Dieu. Les deux bandes placées en avant et en arrière signifient la vie active et la vie contemplative qu'un dignitaire de l'Église doit savoir concilier ».

On retrouverait difficilement ce haut symbolisme dans les fêtes populaires qui se célèbrent aujourd'hui encore, sur la terre de France, en l'honneur des patrons de corps de métiers. Les choses s'y passent plus simplement. C'est ainsi que, pour la fête de saint Joseph, qui est le patron des charpentiers, les membres de la corporation assistent, le matin, à une messe chantée et s'assemblent ensuite dans un grand banquet, que terminent des chansons et des rondes. D'autres corporations accrochent à la devanture de leurs ateliers ou de leur boutiques un rameau de sapin fleuri ; quelques-unes enfin se livrent à des manifestations publiques et parcourent la ville, précédées de tambours et de fifres et conduites par quelque compagnon de haute stature qui brandit une canne enrubannée.

Il faut bien reconnaître d'ailleurs que l'intérêt et l'éclat de ces fêtes ont singulièrement décru depuis la Révolution. A l'époque où tous les corps de métiers étaient constitués en jurandes et en maîtrises, la solidarité était bien plus grande entre les maîtres, les compagnons et les apprentis. La piété était aussi plus vive. Chaque corporation formait une confrérie qui avait son autel et quelquefois son église particulière, qu'elle mettait son honneur à décorer luxueusement. Administrée par un comité de maîtres appelés *syndics, prud'hommes* ou *garde-métiers*, chacune de ces confréries était placée sous le vocable d'un saint ou d'un attribut religieux choisi par elle : ainsi les cordonniers et les savetiers formaient la *Confrérie Saint-Crépin et Saint-Crépinien;* les maréchaux ferrants, les taillandiers, les serruriers, les arquebusiers, les couteliers, les éperonniers, les cloutiers, les four-bisseurs, les selliers et les bourreliers, la *Confrérie Saint-Eloi;* les menuisiers, les tourneurs, les charrons, les charpentiers et les sculpteurs, la *Confrérie Saint-Joseph* ou *de Sainte-Croix;* les capitaines de navires, les marins, calfats, voiliers, étaminiers, cordiers, la *Confrérie du Sacre.*

Nous avons sur ces fêtes que célébraient les con-fréries en l'honneur de leurs saints patrons les détails les plus circonstanciés. Pour prendre un exemple dans l'histoire d'une petite ville qui a gardé à travers les âges sa physionomie curieuse d'autre-fois, nous voyons par le cartulaire communal de Joseph Daumesnil, ancien maire et prieur-consul, ce qui se passait à Morlaix lors des fêtes de corpo-rations. Les tailleurs faisaient chanter une grand'-messe à Notre-Dame-du-Mur. Au moment de l'offer-toire, le père abbé de la confrérie présentait un mouton blanc qui était ensuite conduit à l'hospice par tous les membres de la confrérie et donné en présent aux malades. Les bouchers célébraient leur fête les premiers jours de l'Avent. Après la cérémonie religieuse, on promenait dans les principales rues un bœuf qu'escortaient tous les membres de la corporation, bras nus et la hache sur l'épaule. Le cortège s'arrêtait aux carrefours et sur les places pour y faire le simulacre d'abattre l'animal; pendant ce temps deux ou trois confrères faisaient la quête dont le produit était employé dans un festin.

A Limoges, à Dieppe, à Lannion et dans quelques autres villes de France, certaines de ces fêtes se sont perpétuées jusqu'à nos jours et les corps de métiers (bouchers, ivoiriers, tailleurs de pierres, etc.) continuent à chômer l'anniversaire de leurs saints patrons. Saint Luc est celui des ivoiriers dieppois. A l'occasion de sa fête, qui échet le 18 octobre, les ivoiriers entendent une messe en musique et promènent par les rues leur bannière corporative, un beau rectangle de velours grenat frappé d'ancres aux quatre coins, avec un blason symbolique au milieu : l'éléphant d'Afrique tout d'or sur champ d'azur. Et, dans le banquet qui clôture la fête, on chante la *Marseillaise des ivoiriers*, paroles et musique de M. Bray, ex-ivoirier à Dieppe, présentement organiste au Tréport :

> Dans l'art de buriner l'ivoire,
> Dieppe a conquis le premier rang.
> Nous voulons conserver sa gloire
> A ce vieux rivage normand :
> Parfois bien faible est le salaire.
> Qu'importe au talent créateur ?
> De Graillon [1] la vie exemplaire
> Guidera toujours le sculpteur.

1. Célèbre sculpteur ivoirier dieppois,

Et vaillamment nous bravons la misère,
　　Aussi fiers que des rois,
En travaillant sous la noble bannière
　　Des ivoiriers dieppois!

FÊTE DE L'AGRICULTURE.

Il ne faudrait pas remonter très loin pour trouver,
à Paris même, des fêtes patronales et corporatives

du plus aimable coloris. Telle la Saint-Crépin, décrite
en 1851 dans *La Liberté de Pensée* par un rédacteur
qui signait *Pierre Vinçart, ouvrier.*

Que de changements en un demi-siècle! Il appa-
raît bien, à lire Vinçart, que ces ouvriers de 1848
étaient des hommes d'un autre âge dont se gaudi-
raient nos syndicalistes d'aujourd'hui. Leur socialisme avait je ne sais quoi de naïf et de cordial. Les
« compagnons » partaient des différents quartiers de
Paris le matin du 25 octobre et se dirigeaient vers
Montmartre. Quoique réuni à la capitale, Montmartre,
au point de vue corporatif, formait encore un district
autonome, avec sa *cayenne* (sorte de siège social), son
père et sa *mère* des compagnons. La *mère* et le *père*
de Paris prenaient la tête du défilé; derrière eux
venait la musique, puis « les autorités municipales »,
enfin les compagnons eux-mêmes, des fleurs ·à la
boutonnière et des flots de rubans à leurs cannes. Le
cortège ainsi formé gagnait *pedetentim* l'église paroissiale de Montmartre et y pénétrait en grand arroi,
après avoir exécuté devant le portail toutes les cérémonies du « devoir » corporatif, telles qu'évolutions,
hurlements, marches, etc., en un mot la *guillebrette*
entière, qui était le nom générique donné aux cérémonies du compagnonnage.

« Dans l'église, dit Pierre Vinçart, le pain bénit
est surmonté de l'effigie de saint Crépin; l'ancien
évêque de Soissons est habillé en empereur du Bas-
Empire et tient à la main une grande botte à revers.
A la sortie de la messe, les compagnons réitèrent
leurs cérémonies et, se remettant en ordre, ils vont
à la barrière des Martyrs, chez le restaurateur ayant
pour enseigne : *Au rendez-vous des Princes.* Ils y font
un splendide repas. Deux femmes seulement sont

admises à ce banquet : ce sont les *mères* de Paris et
de Montmartre qui, pendant la durée de cette fête,
se traitent mutuellement de *sœurs*. De nombreuses
chansons, ayant le compagnonnage pour sujet, sont
chantées à la fin du dîner, où personne autre que des
compagnons ne peut assister. »

L'auteur en vogue dans le peuple, et particulièrement chez les cordonniers, était alors Savinien
Lapointe, lui-même cordonnier et que la muse visi-
tait à ses heures. Rendons cette justice à Lapointe
que, si ses vers sont pleins d'une ardente flamme
démocratique, il n'y fait jamais appel qu'aux plus
nobles sentiments. Le prolétariat répétait à l'envi
ses fameuses strophes sur *le Travail* et c'était elles
qu'on chantait de préférence au banquet de la Saint-
Crépin.

L'indépendance, amis, du travail est la fille ;
Or, qui ne fait rien rampe ou mendie ou se vend ;
A nos rameaux, ce n'est qu'une affreuse chenille
Qui roule sous les pieds au premier coup de vent.

Soyons justes, pour être en paix avec notre âme.
Soyons forts : l'homme fort est généreux toujours,
Et nos membres hâlés que le travail réclame,
Travailleurs, sèmeront pour de prochains beaux jours...

Au banquet de 1851, ce même Savinien Lapointe
était assis à la droite de la *mère* de Montmartre. Les
compagnons lui avaient décerné cet honneur, quoique Savinien, un peu grisé par le succès, n'eût pas
imité la sagesse de Reboul et de Jasmin, autres
poètes ouvriers. Tandis que Reboul demeurait boulanger et Jasmin perruquier, l'auteur d'*Une voix d'en
bas* et des *Échos de la rue* avait déserté l'empeigne

et le tranchet. C'était un « rouge », un « pur »,
comme on disait en ce temps-là. Candidat à l'Assemblée nationale, il n'avait échoué que de quelques
voix. Sa réputation, chez les cordonniers, n'était
balancée que par celle de Martin et du père André.
Martin, lui aussi, était chansonnier et cordonnier
tout ensemble; mais ses chansons étaient en argot;
il avait un « talent d'observation » très remarquable,
qu'il gâtait un peu, suivant Vinçart, par la crudité
voulue de ses expressions. Quant au père André, il
était simplement cordonnier, et, en cette qualité, il ne
fabriquait même que des chaussures d'hommes; ce
qui lui avait valu sa réputation, c'était l'extraordinaire rapidité avec laquelle il les fabriquait. Il avait
fait une fois le pari d'exécuter en un jour un trajet
de douze lieues, en s'arrêtant à chaque lieue pour y
fabriquer une paire de chaussons. Et non seulement
il gagna son pari, mais il figura le soir même dans
un théâtre de société, où il jouait un rôle de vaude-
ville.

Il n'y avait pas de bonnes fêtes corporatives sans
Martin et le père André. Respectueux de l'antique
proverbe :

> Aux saints Crépin et Crépinien
> Un bon cordonnier ne fait rien,

ils chômaient, ce jour-là, avec toute la corporation,
se rendaient avec elle à Montmartre et y banquetaient
à la place d'honneur. Et c'étaient eux encore qui, le
soir, à Valentino ou à la salle Montesquieu, ouvraient
le bal avec les *mères* des compagnons.

Dès cet époque pourtant on pouvait noter la
tendance fâcheuse de quelques ouvriers à s'abstenir

des réjouissances compagnonniques. On appelait
« neutres » ces indépendants. Ils ne paraissaient

LE PARDON DES CHEVAUX EN BRETAGNE.

point à la fête patronale et préféraient la célébrer à
trois ou quatre dans les petits cabarets des environs.

de Paris. La partie de piquet remplaçait pour eux les splendeurs de Valentino ou du *Rendez-vous des Princes*. Peu à peu le nombre des « neutres » augmenta. Au socialisme enfantin des premiers jours avait succédé chez les ouvriers une conception plus scientifique et, il faut bien le dire, moins généreuse aussi des intérêts et de l'avenir du prolétariat : le syndicalisme n'était pas né encore, mais déjà on ne se satisfaisait plus des anciennes corporations. Celles-ci, du reste, tendaient à réduire au strict minimum la partie religieuse de leurs solennités : ce qui avait été l'élément essentiel de la fête n'en était plus que l'accessoire. On finit, dans certains corps de métier, par oublier jusqu'au nom du saint qu'on chômait.

Cette sécularisation progressive d'une institution toute religieuse à l'origine ne laisse pas d'inspirer d'assez vifs regrets aux amis du pittoresque. Les fêtes patronales avaient eu leur âge d'or sous la féodalité. C'était le temps où, pour parler comme le bon Raoul Glaber, la France semblait toute fleurie d'une robe blanche de miracles. La multiplicité des saints intercesseurs qui imploraient pour elle auprès de Dieu déconcerte les efforts des plus laborieux hagiographes : ils sont trop ! Mais, à ces époques de foi ardente, nul ne s'étonnait que les bienheureux du ciel condescendissent à se faire les commissionnaires des fidèles, et non seulement à soulager les maux de leurs clients, mais encore à épouser leurs intérêts domestiques et commerciaux. Chaque saint possédait sa spécialité, son *arouez*, comme on dit en Bretagne : saint Éloi, par exemple, était couramment invoqué pour les chevaux ; à Kerfourn, à Louargat, à Guiscriff, etc., les fermiers bretons

lui font encore visite chaque année, montés sur
leurs bêtes auxquelles ils coupent un paquet de
crins qu'ils offrent au bienheureux, le produit de la

LA SAINT-CHARLEMAGNE.

vente de ces paquets de crins servant à enrichir la
mense paroissiale. Saint Cornéli exerçait et exerce
toujours à Carnac le même patronage sur les animaux à cornes; saint Hervé défendait ses ouailles
contre les loups; saint Didier contre les taupes;

saint Tugen contre les chiens hydrophobes. En Béarn, saint Plouradou empêchait les enfants de pleurer et saint Séquaire donnait le bon vent qui fait sécher le linge. A Montmartre même, en plein Paris, les ménages mal assortis avaient recours sans scrupule à l'intervention de saint Raboni, lequel, comme son nom l'indique, *rabonissait* les époux acariâtres. Et, sans doute, quelques-uns de ces saints régionaux ou locaux seraient malaisés à découvrir dans la liturgie régulière. « Les noms de beaucoup d'iceux, comme dit le P. Albert le Grand, bien qu'écrits au livre de Vie, ne se trouvent dans nos martyrologes et calendriers. » Ils n'en sont pas moins l'objet de la faveur populaire. Ce furent, en leur temps, des personnages pleins d'ascétisme et de piété. A peine si quatre ou cinq pourraient faire naître quelques doutes sur l'authenticité des mérites qui leur ont valu la canonisation spontanée des fidèles. Telle cette sainte Adresse, dont un hameau de Normandie porte le nom. Une légende un peu irrévérencieuse ne voudrait-elle pas que, des marins en danger s'étant mis à invoquer tous les saints du Paradis au lieu de faire tête à la bourrasque, le patron de la barque tomba sur eux à coups de garcette et, les forçant à se lever :

« Aux manœuvres, mauvais chiens! leur cria-t-il. Et, s'il faut à toute force que vous invoquiez une protection céleste, recourez à sainte Adresse : il n'y a qu'elle qui vous puisse sauver! »

Et, sainte ou non, Adresse les sauva si bien, en effet, que, de retour chez eux, ils lui bâtirent une chapelle et donnèrent son nom à leur hameau...

Un autre saint peu canonique, mais cependant plus authentique qu'Adresse, fut Charlemagne, empereur

à la barbe fleurie, promu par privilège spécial patron
des collégiens qui, de temps immémorial, célébraient
sa fête le 28 janvier. Ce jour-là, en souvenir de
l'auguste intérêt qu'il témoignait aux écoliers travailleurs, un banquet réunissait dans les lycées de
Paris, sous la surveillance de leurs maîtres, les
élèves qui s'étaient le plus distingués au cours de
l'année précédente. Un doigt de champagne, au des-
sert, permettait de toaster à la mémoire du grand
empereur... Mais un ministre vint qui, pour « raisons
budgétaires » — ô économie de bouts de chandelles !
— supprima en 1895 le banquet traditionnel et, du
même coup, la Saint-Charlemagne[1].

C'était une des dernières fêtes « corporatives » de
la grand'ville. Il ne lui reste plus en ce genre que la
Sainte-Catherine et la Sainte-Cécile, — la Sainte-
Catherine qui, chaque 25 novembre, met en rumeur
le quartier de l'Opéra, patrie d'élection des petites
« midinettes », lesquelles la célèbrent de la plus
simple et de la plus charmante façon du monde en
se promenant bras dessus, bras dessous, coiffées de
bonnets en papier, le long de la rue de la Paix ; la
Sainte-Cécile, dont la fête, plus aristocratique, est
l'occasion de magnifiques solennités artistiques dans
toutes les églises de Paris. Sainte Cécile jouit d'un
enviable privilège : ce ne sont pas seulement de
grands peintres comme Gérard Seghers, Raphaël, le
Dominiquin, Carlo Dolce, qui se sont inspirés de sa
vie dans des tableaux célèbres ; Santeuil, Dryden et,
plus récemment, M. Maurice Bouchor, lui ont tressé
de beaux vers. Quant aux musiciens, il n'en est

---

1. Ce qu'a défait un ministre, un ministre peu le refaire : la Saint-
Charlemagne a été rétablie.

point un qui ne lui ait dédié quelque cantate ou
quelque symphonie. Cette unanimité des artistes et
des poètes est bien significative et donne une physionomie à part, dans la hiérarchie des bienheureux,
à l'exquise martyre chrétienne qui ne marchait dans
la vie qu'accompagnée de lyres invisibles et dont la
mort même eut je ne sais quoi de mélodieux.

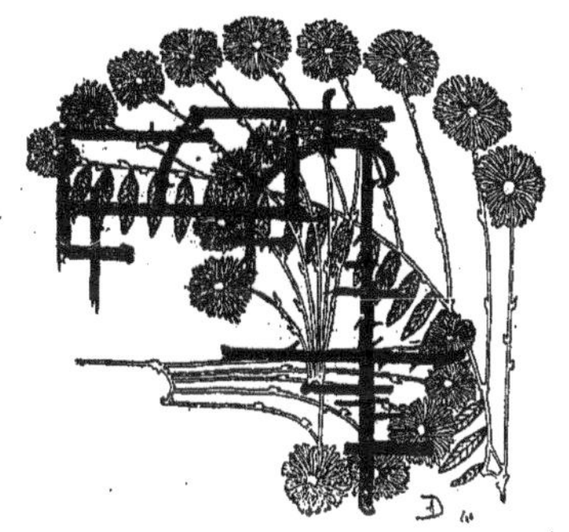

Le Jour de l'An.

Encore un an de plus qui s'efface et retombe
Dans ce gouffre sans fond qu'on nomme le passé !
Encore un pas que fait le siècle vers sa tombe,
Sur la route où déjà six mille ans ont passé !

Qui donc pousse en avant ce cortège d'années ?
Qui les emporte ainsi ? Pauvres filles du temps !
Elles s'en vont soudain comme des fleurs fanées
Et, mourant en hiver, ne vivent qu'un printemps !

Mais, si vous les couchez dans leur cercueil immense,
Vous en créez aussi de nouvelles, Seigneur ;
Lorsque l'une est passée, une autre recommence ;
L'une meurt aujourd'hui, demain naîtra sa sœur.

Salut à ce berceau ! Salut à cette année
Qui se lève à son tour sur l'éternel chemin,
Et, vierge encore de mal, et d'espoir couronnée,
Escorte en souriant les pas du genre humain !

L'auteur de ces jolis vers, Émile Trolliet, a raison :
il y a toujours un peu de mélancolie, sans doute, dans

nos adieux à l'année qui s'en va; mais les regards
ont tôt fait de se tourner vers celle qui vient et qui,
aux plis mystérieux de sa robe, nous apporte peut-être
le bonheur et, en tout cas, nous en réserve l'illusion.
La pauvre âme humaine vit de rêves sous toutes les
latitudes. Sans compter que pour quelques-uns, —
les concierges, les facteurs et les petits enfants par
exemple, — ces rêves deviennent au jour de l'an de
très appréciables réalités. Sous quelque forme
qu'elles se présentent, bonbons ou pièces d'or, les
étrennes sont toujours pour eux les bienvenues.
Peut-être, cependant, y a-t-il un peu moins d'enthou-
siasme chez ceux qui les offrent que chez ceux qui
les reçoivent.

L'usage des étrennes nous vient des Romains (les
premiers qui aient sacrifié à la déesse *Strenna*), et il
est général. Un autre usage, non moins constant,
est celui des cartes de visite qu'on envoie au premier de l'An, agrémentées de quelques mots de
politesse ou vierges de toute mention, aux personnes
avec qui l'on a eu commerce d'amitié ou d'affaires
pendant l'année. C'est encore un usage qui nous
vient de l'étranger, non plus de Rome, il est vrai,
mais de l'Extrême-Orient. Les Célestiaux se servaient
de cartes de visite bien avant nous; seulement,
chez eux, les cartes étaient de grandes feuilles de
papier de riz, dont la dimension augmentait ou
baissait suivant l'importance du destinataire et au
milieu desquelles, avec des encres de plusieurs
nuances, on écrivait les nom, prénoms et qualités
de l'envoyeur. Il paraît que, quand la carte était
à l'adresse d'un mandarin de 1re classe, elle avait la
dimension d'un de nos devants de cheminée !

A en croire M. Élie Frébault, la distribution des

cartes de visite, à Stuttgard, dans le Wurtemberg, est le prétexte d'une scène piquante. Pendant l'après-midi du premier de l'An, sur une place publique, se tient une sorte de foire ou de bourse aux cartes de visite. Tous les domestiques de bonne maison et tous les commissionnaires de la ville s'y donnent rendez-vous, et là, grimpé sur un banc ou sur une table, un héraut improvisé fait la criée des adresses. A chaque nom proclamé, une nuée de cartes tombe dans un panier disposé à cet effet, et le représentant de la personne à laquelle ces cartes sont destinées peut en quelques minutes emporter son plein contingent. Chacun agit de même, et, au bout de peu d'instants, des centaines, des milliers de cartes sont parvenues à leur destination, sans que personne se soit fatigué les jambes.

Remarquons, d'ailleurs, que l'usage des cartes de visite est apparu assez tard chez nous. Jusqu'au xviiᵉ siècle, les visites se rendaient toujours en personne. On peut noter cependant, comme un acheminement vers les cartes, l'usage dont nous parle Lemierre dans son poème des *Fastes* et qui était courant vers le milieu du grand siècle. A cette époque, des industriels avaient monté diverses agences, qui, contre la modique somme de deux sols, mettaient à votre disposition un gentilhomme en sévère tenue noire, lequel, l'épée au côté, se chargeait d'aller présenter vos compliments à domicile ou d'inscrire votre nom à la porte du destinataire. Mais un temps vint où le gentilhomme lui-même fut remplacé par la carte de visite. Cela se passa sous Louis XIV (dans les dernières années du règne), comme l'atteste ce sonnet-logogriphe du bon La Monnoye :

Souvent, quoique léger, je lasse qui me porte ;
Un mot de ma façon vaut un ample discours ;
J'ai sous Louis-le-Grand commencé d'avoir cours,
Mince, long, plat, étroit, d'une étoffe peu forte.

Les doigts les moins savants me traitent de la sorte ;
Sous mille noms divers, je parais tous les jours ;
Aux valets étonnés je suis d'un grand secours ;
Le Louvre ne voit pas ma figure à sa porte.

Une grossière main vient la plupart du temps
Me prendre de la main des plus honnêtes gens.
Civil, officieux, je suis né pour la ville.

Dans le plus dur hiver, j'ai le dos toujours nu,
Et, quoique fort commode, à peine m'a-t-on vu
Qu'aussitôt négligé je deviens inutile.

Inutile, le mot est dur, mais il est la justesse
même. Est-ce l'abus qu'on faisait des cartes de visite
qui décida les conventionnels à supprimer le premier
de l'An ? Ou fut-ce la vanité des vœux qu'on y déposait ? Toujours est-il qu'abolie en décembre 1791, la
coutume du Jour de l'An ne fut rétablie que six ans
après, en 1797. Nos pères conscrits, qui ne bargui-
gnaient pas avec les délinquants, avaient décrété la
peine de mort contre quiconque ferait des visites,
même de simples souhaits de jour de l'An. Le cabinet
noir fonctionnait, ce jour-là, pour toutes les corres-
pondances sans distinction. On ouvrait les lettres à
la poste pour voir si elles ne contenaient pas des
compliments.

Et pourquoi cette levée de boucliers contre la plus
innocente des coutumes ? Le *Moniteur* va nous le dire.
Il y avait séance à la Convention. Un député, nommé
La Bletterie, escalada tout à coup la tribune.

« Citoyens, s'écria-t-il, assez d'hypocrisie ! Tout le

monde sait que le Jour de l'An est un jour de fausses démonstrations, de frivoles cliquetis de joues, de fatigantes et avilissantes courbettes... »

Il continua longtemps sur ce ton. Le lendemain, renchérissant sur ces déclarations ampoulées, le sapeur Audoin, rédacteur du *Journal Universel*, répondit cette phrase mémorable :

« Le Jour de l'An est supprimé : c'est fort bien. Qu'aucun citoyen, ce jour-là, ne s'avise de baiser la main d'une femme, parce qu'en se courbant il perdrait l'attitude mâle et fière que doit avoir tout bon patriote ! »

Le sapeur Audoin prêchait d'exemple. Cet homme, disent ses contemporains, était une vraie barre de fer. Il voulait que tous les bons patriotes fussent comme lui ; il ne les imaginait que verticaux et rectilignes. Mais enfin le sapeur Audoin et son compère La Bletterie n'obtinrent sur la tradition qu'une victoire éphémère. Ni le calendrier républicain ni les fêtes instituées par la Convention pour symboliser l'ère nouvelle ne réussirent à prévaloir contre des habitudes plusieurs fois séculaires. Les institutions révolutionnaires tombèrent avec les temps héroïques qui les avaient enfantées. Le premier de l'An fut rétabli. Il dure encore. Les pouvoirs officiels lui ont donné leur consécration. Le Président de la République reçoit, ce jour-là, dans les salons de l'Élysée, l'hommage respectueux du corps diplomatique, des ministres et des grands corps de l'État. Quant à la foule des simples citoyens, elle se charge de démontrer par l'exubérance de sa joie à quel point le député La Bletterie était ignorant des mystères du cœur humain.

Le premier de l'An sans doute n'a que l'importance

que nous lui attribuons. Il y a belle lurette que les
philosophes nous ont appris que le temps et l'espace
ne sont que des catégories de l'entendement. C'est
notre imagination seule qui attache aux divisions
chronologiques une signification faste ou néfaste.
N'empêche qu'en tous pays, même chez les Japonais,
dont l'année officielle ne commence pourtant que le
8 février, le premier jour de l'année est le prétexte
de grandes réjouissances.

 « Dès la veille, raconte un voyageur, M. Melcy,
toutes les maisons japonaises sont nettoyées et
même exorcisées; c'est-à-dire qu'à l'heure de minuit
le chef de famille, revêtu de ses plus riches habits,
doit parcourir tous ses appartements, tenant, de la
main gauche, une petite table de laque sur laquelle
est posée une boîte de fèves rôties. Il y puise par
poignées, pour en jeter un peu çà et là dans chaque
pièce, en répétant : « Sortez, démons! Entrez,
« richesses! » Peu après, il s'élève dans la cour de
chaque demeure une flamme très vive qui part du
sol et dure à peine quelques minutes. C'est un
faisceau de bûchettes de bois aspergées d'eau bénite
et qui doit, selon la direction que prend la flamme,
présager aux assistants la bonne ou la mauvaise
fortune pour l'année qui s'ouvre. On n'oublie pas
non plus, en cette nuit mémorable, de parer l'autel
domestique des dieux du bonheur. Un coin de la
pièce est réservé à cet usage dans chaque habitation
bourgeoise. L'autel est fait d'un léger échafaudage de
bois de cèdre recouvert d'un tapis rouge. Il sert de
piédestal à deux idoles en bois qu'accompagnent deux
lampes allumées. En avant d'elles sont posés trois
guéridons minuscules en laque chargés des prémices
de l'année : l'un de deux pains de riz, l'autre de

LE JOUR DE L'AN, AU JAPON : LES ÉTRENNES.

deux langoustes ou poissons aux nageoires ornées
de papier d'argent, et le troisième de deux flacons
de saki enveloppés également de papier argenté.
Le tout est complété par deux grands chandeliers
de bronze, surmontés d'énormes bougies qui
brûlent en l'honneur des dieux. Dans toutes les
cuisines, les mitrons ont pétri, mis au four et sur-
veillé la cuisson des innombrables gâteaux de riz
qui doivent être donnés en étrennes aux ouvriers
et aux domestiques. Dans tous les ménages, on a
pilé, en de grands mortiers, la quantité de riz représentant la provision de farine qui doit alimenter la
famille jusqu'au mois d'octobre. Tout le monde
enfin a fait ses différents préparatifs pour pouvoir
le lendemain se livrer à la gaîté, aux rires et aux
divertissements de toutes sortes qui vont, dans
certains quartiers, présenter l'aspect de véritables
bacchanales. »

Voulez-vous maintenant, en opposition avec le
réjouissant spectacle de cette joie populaire, connaître un premier de l'An gourmé, solennel et, si
je puis dire, caporalisé? Oyez cette description
empruntée à un rédacteur du *Gaulois :*

« A Berlin, le 31 décembre, dans les brasseries
ouvertes jusqu'au matin, un peu avant minuit
les lumières s'éteignent. Partout vibre le grin-
cement saccadé des rideaux de fer qui se ferment. Là
où manque un rideau de fer, on applique en hâte des
planches pour garantir les glaces. Voici qu'un rythme
lourd annonce l'arrivée de la police. Par les brigades
renforcées de pelotons d'agents à cheval, les carrefours sont occupés militairement. Passages interdits
aux voitures! Grandes artères, même celle de la
Friedrichstrasse, expurgées de tout piéton! Çà et là,

les lieutenants de police, qui ont remplacé leur grande casquette bleue par le casque à pointe, donnent d'une voix hachée des ordres pour balayer tout. Mais, peu à peu, les rangs des agents s'entr'ouvrent. La foule se glisse et se répand dans l'ombre. Tout à coup, rauque, forcenée, monstrueuse, s'élève cette clameur : *Prosit Neujahr!* « Que la nouvelle « année soit bonne! » De la rue et des maisons, les cris aigus des femmes, les piaulements des enfants, se mêlent aux vociférations des hommes. Bonne année, soit! mais qui vous arrive en vous déchirant les oreilles. »

Combien différent notre premier de l'An parisien, surtout le premier de l'An tel qu'on le célèbre encore dans nos vieilles provinces françaises! Voici venir, devançant Noël, les petits quêteurs d'étrennes. Au soir tombant, la veille du 1er janvier, dans les villages d'Alsace, ils s'arrêtent devant chaque porte pour chanter une complainte qui commence ainsi :

> Nous souhaitons tous à Madame
> L'or d'une couronne d'amour,
> Et, pour l'an prochain, jour pour jour,
> Le jeune héritier qu'on réclame.
> A Monsieur, qui déjà sourit, .
> Nous souhaitons meilleure chère, etc., etc.

En Poitou et en Saintonge, la complainte se chante sur l'air de l'*Aguilé*, plus spécial cependant au jour des Rois[1] :

> Messieurs et Mesdames de cette maison,
> Ouvrez-nous la porte, nous vous saluerons.

---

1. Voir sur le sens du mot *aguilé* le chapitre *Noëls de France.*

Notre *guillaneu* nous vous demandons...
Guiettez dans la nappe, guiettez tout au long.
Donnez-nous la miche et gardez l'grison :
Notre *guillaneu* nous vous demandons.

Arribas! Son arribas! (Arrivés, nous sommes arrivés!) crient les étrenneurs du Limousin devant chaque maison où ils frappent, et ils continuent dans leur patois, que M. d'Aigueperse traduit ainsi : « Le *guillaneu* nous faut donner, gentil maître; le guillaneu donnez-le-nous. » Le *guillaneu* limousin consiste en pommes, poires, châtaignes, noix, noisettes et menus sous. Une fois pourvus, les étrenneurs font mille vœux pour leur hôte sans oublier ses serviteurs, la ménagère qui blute la farine, le porcher qui garnit le charnier de lard, etc., etc.

A Saint-Malo, les étrenneurs remplacent la sérénade par une aubade, la tournée crépusculaire par une tournée matinale. Il faut voir, dès la fine pointe du jour, les petits gamins de la vieille cité bretonne se former en bandes pour courir la ville, cogner aux portes et souhaiter la bonne année! Chaque souhait leur vaut un petit sou. Au premier marmot qui se présente, les jeunes filles demandent :

« Comment se nomme-t-*il?* »

Il, c'est le fiancé rêvé dont on espère la venue. Le gamin cite un nom de baptême au hasard, et les jeunes Malouines n'ont plus qu'à chercher, parmi les jeunes gens qu'elles connaissent, celui qui porte le prénom désigné.

D'autres croyances, d'autres superstitions, si l'on veut, mais si gracieuses, si émouvantes quelquefois, mériteraient encore d'être tirées de l'oubli où elles sombrent peu à peu. Il en est aussi dont le sens s'est

perdu en chemin et qui nous paraissent à cette heure
passablement singulières. C'est ainsi qu'en Champagne et en Bourgogne, on croit que l'année sera
bonne si la première personne qu'on rencontre le
matin du jour de l'An est un homme, mauvaise si
c'est une femme. Et voilà qui n'est guère flatteur
pour le « beau sexe » !

Au Havre, dans la nuit du 31 décembre au 1ᵉʳ janvier, il y a toujours grande affluence du public
devant le portail de l'église Notre-Dame. La tradition
locale prétend qu'il suffit de s'agenouiller sous la
statue de la Vierge et de lui demander trois grâces
à minuit tintant pour que l'une d'elles soit exaucée.
Les gamins, comme on peut croire, ne manquent
pas dans l'assistance et, au moment où l'heure sonne,
on les entend crier irrespectueusement à tue-tête :

« L'aura ! L'aura pas ! »

D'autres traditions, répandues un peu partout, veu-
lent qu'au premier de l'An, à votre lever, si vous avez eu
la chance de briser sans le vouloir ou tout au moins
de fêler un verre dans lequel on n'a pas encore bu,
ce soit pour vous le pronostic d'une année heureuse.
En déjeunant, si un choc involontaire répand votre
boisson sur la nappe, cette libation fortuite vous
promet encore une année de prospérité. Il faut aussi
avoir soin, ce jour-là, de ne rien laisser sortir de sa
maison, ni provisions, ni cadeaux, avant d'avoir reçu
quelque chose d'un voisin. Néanmoins, si ce voisin
est une voisine, il reste quelque doute sur l'efficacité
de la bonne chance.

« Qu'y ét-y qu'elle me veut donc, c'telle-là ? Y
étot ben la pouène qu'elle veune la première ? »
disent les paysans.

On prétend enfin que le matin du jour de l'An, si

vous réussissez à glisser votre aumône dans la sébile ou le chapeau d'un pauvre avant qu'il vous ait demandé la charité, il n'y aura pour vous, durant l'année qui s'ouvre, que joie, santé, richesse, satisfactions matérielles et morales de toute sorte.

Et donc voilà mes lecteurs prévenus. Je leur ai donné, d'après les vieux fatuaires du pays de France, les recettes les plus efficaces pour acheter à peu de frais une année pleine de bonheur. Recettes S. G. D. G., bien entendu. La première condition pour qu'elles réussissent, c'est d'avoir la foi. Qu'ils tâchent de l'acquérir, s'ils ne l'ont déjà. « La croyance dans le bonheur à venir, a dit un philosophe, c'est plus que la moitié du bonheur présent. »

Les Rois.

Tout au commencement du siècle, un savant astronome de l'Observatoire d'Edimbourg, le docteur Anderson, découvrit dans le ciel une nouvelle étoile qu'on n'avait point signalée encore, qui se mit à grossir peu à peu jusqu'aux proportions d'une constellation de la deuxième grandeur, puis s'enfonça dans les espaces et s'y évanouit insensiblement. Le professeur Anderson pensait n'avoir affaire qu'à un vulgaire satellite de Persée.

« Erreur ! s'écria le professeur Tuttle, de Newhaven. J'ai observé aussi celle que vous nommez une Perséïde et que vous prétendez n'être jamais apparue aux hommes. Erreur, six fois erreur ! vous dis-je. Mes calculs m'ont permis de retrouver dans l'éphémère visiteuse une vieille connaissance de nos pères, l'étoile même qui guida vers Bethléem les mages de la Chaldée, qui reparut en 316, en 633, en 950, en 1 267, et que Tycho-Brahé, pour la dernière fois, observa en 1584. L'intervalle requis pour la réapparition périodique de l'étoile est de 317 ans. Ajoutez

317 à 1584, vous obtiendrez 1901. Ce qu'il fallait démontrer... »

Qui avait raison, du professeur Tuttle ou du professeur Anderson? Et, tout de même, si ç'avait été M. Tuttle! S'il était vrai que nos regards, après vingt siècles écoulés, eussent pu contempler cette douce annonciatrice des temps nouveaux! Comme nous l'eussions avidement cherchée dans le ciel, pieusement saluée entre toutes ses sœurs! Mais M. Tuttle ne nous a communiqué sa découverte qu'après coup et quand l'étoile des mages s'était évanouie. Légende ou vérité, nous ne saurons jamais ce qu'il en fallait penser exactement...

C'est en commémoration de cette apparition de l'étoile aux rois mages, Balthazar, Melchior et Gaspard, et de la visite qui s'ensuivit aux lieux solennisés par la naissance de Jésus, que l'Église a institué la fête de l'Épiphanie, ainsi nommée des deux mots grecs : *épi* (sur) et *phanéiä* (révélation). Dans le langage courant on l'appelle la Fête des Rois, et vous savez de quelle aimable cérémonie elle est le prétexte aujourd'hui encore. A table, au dernier service, on apporte une énorme galette dont les morceaux sont répartis à la ronde entre les convives de tout âge. Celui qui trouve la fève dans sa part est proclamé roi, et, pour célébrer cette royauté éphémère, l'assistance se lève en criant : *Le Roi boit!*...

On a dit de la galette épiphanique qu'elle défiait tous les changements de régimes et les pires bouleversements sociaux. C'est ainsi qu'en 93 les pâtissiers de la Révolution ne se laissèrent pas embarrasser par la chute de la royauté : en guise de galette des rois, ils fabriquèrent seulement des galettes de la Liberté. De nos jours même, où les vieilles traditions

s'abolissent, les galettes épiphaniques font encore
l'objet d'un commerce lucratif. Mais les pâtissiers n'en
ont plus le monopole ; les boulangers en fabriquent
également, qu'ils offrent en étrennes à leurs clients de
l'année. Il n'y a qu'une petite modification à la classi-
que galette de jadis, et c'est que la fève y est remplacée

LE CORTÈGE DES ROIS MAGES.

Fresque de Benozzo Gozzoli (1420-1498) dans la chapelle du palais Riccardi, à Florence.

par une poupée de porcelaine. Je ne sais pas si nous
avons beaucoup gagné au change, mais je sais qu'il
est des mâchoires à qui cette substitution n'a pas
laissé de causer certaines disgrâces imprévues. Un
boulanger, à qui je faisais part de mes scrupules, me
disait qu'on s'y était décidé pour éviter toute espèce
de fraude : il paraît qu'au temps de la fève certains
convives peu délicats préféraient avaler sans rien

dire ce gros légume indigeste et se dérober aux
charges d'une royauté dispendieuse. ...

Si telle est la raison véritable du changement, je
me demande de quoi se mêlent les pâtissiers et boulangers. C'est prendre bien souci de nos intérêts
q... de substituer, sans que personne l'ait réclamé, à
l'innocente fève de jadis un « petit baigneur » qui
craque sous la dent quelquefois, mais quelquefois
aussi disparaît sans dire gare dans notre intestin
menacé par lui d'une fâcheuse appendicite.

Les campagnes, sur ce point, sont restées autrement fidèles à l'usage. Je vous contais plus haut
l'odyssée de ces petits mendiants chanteurs de Noël
qui s'en vont par les routes, en Bretagne, chantant
l'*Aguilé* aux portes des métairies. L'Épiphanie a
aussi sa chanson spéciale. Mais on ne la chante plus
guère, à ma connaissance, que dans l'Orne, la
Seine-Inférieure et les Ardennes : c'est la chanson
des *Evangueus*.

> Donnez, donnez la part à Dieu :
> Nous vous dirons les *Evangueus*,
> Les *Evangueus* de Notre-Seigneur.
> Je l'ai vu vif, je l'ai vu meurt (mort),
> Dessus la croix, ce roi fidèle,
> Qui nous éclaire à trois chandelles...

Les *Evangueus*, c'est-à-dire les Évangiles (primiti-
vement *evangeles*), — souvenir du temps où les
quêteurs de la part à Dieu étaient de pauvres récol-
lets qui, en échange de l'aumône reçue, s'asseyaient
à la mense hospitalière du donateur et y récitaient
ce chef-d'œuvre de poésie narrative qu'on appelle les
Évangiles apocryphes...

Bien entendu, la chanson des *Evangueus* a le même

objet que l'*Aguilé* : savoir d'apitoyer les hôtes de
la maison, d'obtenir d'eux quelque menu cadeau,

LE JOUR DES ROIS : LA PART DES PAUVRES.

oranges, châtaignes, pâtisserie à bon marché. L'aumône se fait sur le pas de la porte : il n'y a que dans
les Ardennes où les chanteurs d'*Evangueus*, fidèles à
de mystérieuses observances, pénètrent à l'intérieur

des maisons, prennent une braise dans le foyer et la jettent à terre « pour purifier le sol ».

M. H. du Plessac a raconté quelque part qu'au xiii° siècle, la veille de l'Épiphanie, « les chanoines de chaque chapitre élisaient l'un d'eux, auquel ils déféraient le titre de roi ». Revêtu de sa plus riche dalmatique, l'élu, le lendemain, une palme pour sceptre, prenait place dans la cathédrale sous un dais de drap d'or. Trois chanoines sortaient alors de la sacristie, le front ceint de couronnes. L'un était habillé de blanc, l'autre de rouge, le troisième de noir. Un diacre, précédant les trois « mages », portait au bout d'une perche cinq chandelles allumées qui figuraient l'étoile miraculeuse...

Mais voici dans le même genre quelque chose de plus touchant, et qui nous est rapporté par l'auteur de la *Vie de Louis III, duc de Bourbon :*

« Le saint jour de l'Épiphanie, en souvenir de la visite rendue à la crèche par les bergers et les mages, ce prince élisait pour roi un enfantelet de huit ans, le plus pauvre qui se trouvait dans la ville. Il le faisait revêtir d'un habit royal et servir en cérémonie par ses propres serviteurs. Le lendemain, l'enfant mangeait encore à la table du prince; puis le maître d'hôtel faisait une collecte en sa faveur auprès des convives. Le duc Louis donnait de sa poche quarante livres, les chevaliers de son entourage un franc chacun, et les écuyers un demi-franc : on recueillait ainsi environ cent livres que l'on remettait au père et à la mère du petit roi « pour que leur enfant fût élevé aux écoles ».

Les princes et les chapitres de chanoines n'élisent plus de rois; mais la coutume des « chandelles des Rois » est demeurée, au moins en Normandie, où les

épiciers les débitent à la jeunesse par *creuillées* ou
grappes de douze. Bien curieuse, par parenthèses, la
destination de ces chandelles épiphaniques, bario-
lées comme au xviie siècle, et que, dans les petits
ménages d'ouvriers et de boutiquiers, les enfants
font légèrement égoutter sur une assiette plate,
puis qu'ils disposent en couronne dans leur suif et
qu'ils campent enfin sur la table aux regards ébahis
de la maisonnée!

« Cela ne vaut pas la clarté d'un lustre électrique,
dit M. Noury. N'importe! On tire aussi bien la fève
chez les humbles que chez les riches, et le « bezot »
de la famille prend autant de plaisir à se glisser à
quatre pattes sous la table pour répondre au *Phœbe
Domine, pour qui?* et répartir ainsi, au hasard de ses
affections candides, chaque morceau de la galette des
Rois, sans oublier la « part à Dieu » réservée à l'in-
digent qui heurtera le premier aux volets... »

Les indigents, on les accueillait et on les accueille
encore partout avec une faveur spéciale le jour des
Rois. Mais, à Saint-Pol-de-Léon (Finistère), jusqu'en
ces derniers temps, ils étaient vraiment des privi-
légiés. Chaque année, la veille de l'Épiphanie, cette
ravissante et archaïque petite cité voyait s'avancer
dans ses rues un cheval dont la tête et les crins
étaient ornés de gui, de lauriers et de rubans. Conduit par un pauvre de l'hospice et précédé du tambour de ville, il était escorté de quatre notables,
deux marguilliers et deux membres du bureau de
bienfaisance, et s'arrêtait devant chaque seuil pour
recevoir les dons en nature ou en argent. Pain, viande,
côtes de lard, bouteilles, s'entassaient dans les deux
paniers fixés à son bât et qui avaient la forme de
mannequins couverts d'un drap blanc. Chacun don-

nait selon ses moyens, mais tout le monde donnait
« et, à chaque nouvelle munificence, dit Paul de
Courcy, la foule d'enfants et d'oisifs qui accompa-
gnait ce bizarre cortège répétait la clameur traditionnelle : *Inguinané! Inguinané*[1]*!* »

Un arrêté municipal du maire Drouillard mit fin
brusquement, en 1885, à la curieuse promenade de
l'*Inguinané*. Ainsi meurent les vieux us, frappés
souvent par ceux qui devraient s'employer le plus à
les faire respecter. Mais je ne voudrais pas que cette
causerie épiphanique se terminât sur un ton de *de
profundis*. Laissez-moi donc, pour finir, vous conter
une historiette qui, la première fois que je l'ouïs,
me parut pleine de saveur. Mon ami Frédéric Le
Guyader en ferait un petit poème délicieux, et c'est
un sujet où il déploierait tout à l'aise sa verve
incomparable de *marvailler*, d'humoriste armori-
cain.

Je ne sais où la scène se passe, si c'est au bord de
l'Aulne, de l'Odet ou du Guer. Tant y a qu'au long
d'une de ces rivières habitaient jadis un vieil homme
et une vieille femme. L'homme s'appelait simplement
Fanch et sa femme Katec. Je vous ferai cependant
remarquer que les femmes qui portent ce dernier
prénom en Bretagne passent généralement pour de
fines commères et qui n'ont pas leur langue dans
leur poche. Fanch et Katec tiraient les Rois. Le
gâteau coupé, les parts distribuées, c'est au bonhomme qu'échoit la fève. Il la montre triomphalement
à Katec; mais celle-ci, qui était de méchante humeur,
se refuse à crier : « Le roi boit! » Colère du mari
qui s'emporte et bat sa moitié comme plâtre; pleurs

---

1. Variante d'*Aguilé*.

LA PROMENADE DE L'INGUINANÉ A SAINT-POL-DE-LÉON.

et sanglots de la femme qui s'échappe en disant qu'elle va se jeter dans la rivière.

« A tes souhaits! » réplique le bonhomme qui se colle tranquillement au coin de son feu, bourre sa pipe et l'allume.

C'est qu'au fond il pensait bien que Katec était trop bonne chrétienne pour mettre sa menace à exécution. Mais, l'heure passant et Katec ne reparaissant point, il commence à s'inquiéter, se dit que Katec n'avait peut-être pas parlé en l'air, et le voilà qui court tout d'une traite à la rivière, où la première chose qu'il aperçoit, flottant sur l'eau, c'est la coiffe de la malheureuse.

« Plus de doute! s'écrie-t-il, ma pauvre femme s'est noyée... »

Il veut au moins tout tenter pour la repêcher et la rappeler à la vie, si, d'aventure, la mort n'avait pas encore fait son œuvre; et, le temps de se déshabiller, il est dans l'eau jusqu'au cou.

Brrr! mes enfants, quel bain! Il gelait à pierre fendre; la rivière charriait des glaçons; une lune narquoise éclairait la scène, et le bonhomme cherchait toujours. Peine perdue! Le pauvre Fanch se désespérait et, après un dernier plongeon, il allait renoncer à ses recherches, quand il entendit derrière lui des « Ah! Ah! » et des rires. Il se retourne, stupéfait, et reconnaît sa femme qui, tranquillement assise sur une souche, le considérait de la berge avec satisfaction.

« Maintenant, dit Katec, je veux bien crier : « Le « roi boit! »

Masques et Travestis.

Mardi gras, ne t'en va pas,
J'ferons des crêpes, j'ferons des crêpes.
Mardi gras, ne t'en va pas,
J'ferons des crêpes et t'en auras!...

Vous connaissez le refrain : il est vieux comme les rues et toujours de circonstance aux jours de frairie qui précèdent l'entrée en carême. Dans la poêle, où le beurre rissolle avec un bruit de crécelle exaspérée, l'habile ménagère fait sauter la pâte de farine, mêlée à des jaunes d'œufs et trempée de lait pur. Les crêpes sont le mets particulier des jours gras, comme la galette est la friandise de Noël et de l'Épiphanie. On les sert chaudes sur la table de famille, pliées en quatre, dorées et fleurant bon. Mais le lendemain, refroidies, elles font encore dans le café ou le thé un manger délicieux. Il faut seulement veiller à ce que la pâte soit légère et bien cuite. Les meilleures crêpes ont la couleur de l'acajou verni et ne pèsent pas plus qu'une dentelle...

Un poète breton bien oublié aujourd'hui et qui eut son heure de demi-célébrité, Stéphane Halgan, a consacré tout un poème à la louange des crêpes. Un jour qu'il flânait sur les bords de l'Odet, non loin du Marhallac'h, l'orage le surprit et le força de chercher un refuge dans une chaumière voisine :

> Attendant que le ciel fût au moins devenu
>   Calme, sinon sans voile,
> Je voyais près de moi la servante au bras nu
>   Faisant fumer la poêle.
>
> La pâte s'étalait; son flot moins transparent
>   S'arrondissait en crêpe,
> Et le gâteau cuisait, cuisait en susurrant
>   Ainsi qu'un vol de guêpe...
>
> Lorsque la crêpe était bien blonde d'un côté,
>   D'une batte légère,
> Voici qu'un tour de main leste et précipité
>   La tournait tout entière.

Cette gymnastique culinaire finit par intéresser le visiteur. Il s'enquit des éléments qui entraient dans la confection de ces fines galettes, du mode de battage et du degré de cuisson qu'il y fallait, et, l'orage passé, le ciel rasséréné, il composa son poème en regagnant les berges de l'Odet : les crêpes avaient trouvé leur Homère.

Leur Homère, mais non leur Hésiode : Halgan est muet sur l'origine des crêpes. Je ne suis guère plus savant que lui là-dessus. Je ne sais même pas avec précision pourquoi les crêpes sont la friandise des

jours gras. Peut-être, — mais ce n'est qu'une hypo-
thèse, — parce que le carnaval est le fourrier du

LES CRÊPES DU MARDI GRAS.

carême. *Caro vale!* Adieu la chair! Et, en attendant,
on se rue en cuisine et, par trois jours de vie
copieuse, on tâche à se munir en vue des mortifications et des jeûnes du saint temps. La précaution

n'est pas nouvelle. Un cartulaire du xɪɪᵉ siècle dit qu'à Péronne les chanoines de la collégiale de Saint-Fursy tenaient, le mardi de la Quinquagésime, un *past* ou festin solennel. Et l'on sait que, dans les moindres hameaux du Berry, la promenade du bœuf *villé* ou *viellé*, ainsi nommée parce qu'elle se faisait au son des vielles, était l'annonce de grandes réjouissances culinaires.

Mais ces innocentes réfections sont loin d'être particulières au carnaval. Ce qui le distingue entre toutes les fêtes profanes de l'année, c'est qu'il est un prétexte à déguisements et à mascarades. La coutume date de loin. Sans remonter jusqu'à la fête juive des *phurim*, aux *anthestéries* athéniennes, aux *lupercales* et aux *saturnales* des Romains, il suffit de rappeler que dès le vᵉ siècle les conciles et les écrivains ecclésiastiques reprochaient à nos pères de gâter le plus beau des ouvrages de Dieu en le transformant, durant les jours gras, « soit en bêtes sauvages et domestiques, telles que veaux et faons de biche, soit en monstres et larves de leur façon ». Ces graves avertissements restèrent lettre morte. Les mascarades se multiplièrent. On a gardé le souvenir des fêtes des fous et de l'âne qui se donnaient au moyen âge. Philippe le Bel se plaisait fort à la joyeuse procession du renard. Charles XVI parut à la cour sous un costume de sauvage ; le feu prit à ses fourrures et il faillit brûler vif. Isabeau de Bavière osa figurer « en façon de syrène », nue jusqu'à mi-corps, dans un divertissement de mardi gras. Le synode de Rouen arrêta un moment ces scandales. Mais ils reprirent de plus belle sous le règne de François Iᵉʳ.

Les dames de la cour avaient adopté, pour garantir leur teint des injures de l'air, des loups de velours

LA FABRICATION DES MASQUES ET FAUX NEZ : L'ESTAMPAGE.

noir, doublés de taffetas blanc, qu'on fixait dans la
bouche à l'aide d'un fil d'archal terminé par un
bouton de verre. Les seigneurs les imitèrent, et les
abus furent tels que le Parlement se décida, en 1535,
à faire enlever par ministère d'huissier tous les
masques qui se trouvaient chez les marchands. On
ne les toléra dans les rues qu'en temps de carnaval.
Mais cette prohibition n'eut pas de longs effets.
Henri III rappela les masques exilés et leur rendit
la vogue.

Vint Henri IV; la cour mit plus de retenue à ses
plaisirs, mais sans abandonner la mode des déguisements. A cette époque, le quartier général des masques
était dans la rue Saint-Antoine. C'est là que Mardi-
Gras-Carême-Prenant tenait ses assises solennelles.
Le xviii⁰ siècle n'eut garde de les supprimer. Paris
n'était plus qu'une vaste mascarade. Le régent donnait
le ton, le peuple faisait chorus. La dernière de ces mascarades fut celle de 1788. On entrait dans la Révolution. Le carnaval fut proscrit comme « attentatoire à
la dignité humaine », et l'on peut noter que c'est l'une
des rares fois où les pères conscrits de la Convention
se soient trouvés d'accord avec les Pères de l'Église.
L'interdiction dura jusqu'au Directoire, où elle fut
levée. Aussi le carnaval de 1799 eut-il un éclat extraordinaire. « Tout le monde voulut se masquer, dit
M. Henri Carnoy, et les fabriques de masques, loups
et costumes de déguisements, travaillèrent nuit et
jour pendant plus de trois mois. Ce fut cette année-
là que l'italien Marrassi établit à Paris la première
fabrique de faux visages qu'on y ait créée. »

De nos jours, le carnaval, réduit à des distributions
de *confetti* et de serpentins, est en pleine décadence.
Sous Louis-Philippe et pendant le second Empire,

Paris eut encore sa descente de la Courtille et sa promenade du bœuf gras. Les organisateurs de la fête se recrutaient parmi les inspecteurs de la boucherie; les frais étaient couverts par des souscriptions et des dons. Quant au personnel de la mascarade, il se composait presque exclusivement de garçons bouchers. L'Empire permit à la troupe d'entrer dans la composition du cortège. Après sa promenade traditionnelle sur les boulevards, la cavalcade pénétrait dans la cour des Tuileries et défilait devant l'Empereur.

Paris n'a plus de bœuf gras et la descente de la Courtille se réduit à quelques masques crottés qui promènent sur nos boulevards des panaches mélancoliques et de lamentables justaucorps. La vogue même des *confetti* et des serpentins commence à bien s'atténuer. C'est M. Lué, régisseur du Casino de Paris, qui le premier, en 1891, cherchant une attraction pour les bals de l'établissement auquel il était attaché, eut l'idée de remplacer par du papier inoffensif les cuisants *confetti* de plâtre dont on se bombarde en Italie. A cet effet, il chargea son père, ingénieur à Modane, de lui envoyer une certaine quantité de ces petits résidus de forme ronde enlevés des feuilles de papier que l'on perce pour l'élevage des vers à soie. Ainsi naquit le *confetti* parisien. Son succès fut énorme. Des établissements publics, l'invention gagna la rue; tout le monde s'en mêla. Ce fut une vraie folie. Qui n'a vu, le lendemain du Mardi Gras et de la Mi-Carême, les chaussées couvertes d'une bouillie polychrome de quinze à vingt centimètres d'épaisseur? Il ne se dépense pas, à Paris, en une seule journée de carnaval et pour peu que le temps soit beau, moins d'un million de kilos de ces minuscules projectiles. Quant aux serpentins, il faut renoncer tout de bon à compter les kilòmètres et les myriamètres qui s'en déroulent. Si le *confetti* n'est pas autochtone, et s'il est permis de ne voir en lui qu'une contrefaçon du *confetti* transalpin, il n'en est pas de même du serpentin ou spirale qui est une invention exclusivement parisienne. Chose curieuse, cette invention remonterait à la même année que celle des *confetti*. On l'attribue à un jeune employé du bureau 47 des télégraphes de Paris. Les inventeurs sont modestes. Celui-ci n'a pas dit son nom. Tout ce que l'histoire sait de lui, c'est qu'il imagina de lancer sur la foule, du haut d'un balcon, des rouleaux de papier bleuté destiné au télégraphe Morse. Il n'avait pas pris de brevet pour sa découverte, sans quoi il serait aujourd'hui millionnaire. Paris fut tout de suite fou des serpentins comme il l'avait été des *confetti*. Le carnaval parisien leur dut un bref renouveau. Puis la satiété est venue. Nous revoilà au même point qu'avant. Mais, en province et dans quelques villes de l'étranger, le carnaval a conservé un certain éclat. On a mille fois décrit les carnavals de Nice, de Rome et de Venise, et nous n'y reviendrons pas. Celui de Venise excède d'ailleurs toutes proportions. Il ne dure pas moins de trois mois et tout le monde y porte le masque. Les chars et les gondoles circulent en musique ; les *confetti* et les *coriandoli* pleuvent comme mitraille ; princes, artisans, chacun participe à la folie générale.

Nous n'allons point, chez nous, à ces excès. Notre carnaval a l'haleine courte et dure au plus jusqu'au mercredi des Cendres. On cite celui de Nantes comme un des plus amusants ; c'est, dans la rue

Graslin, un défilé ininterrompu de voitures et de chars splendidement décorés, et la bataille, assez chaude, s'y livre à coups d'oranges et de mandarines. Mais il n'y a rien là de bien caractéristique. Tout au contraire, à Arles et dans les environs, le mardi gras prête à une cérémonie intéressante qu'on appelle

LE CARNAVAL A PARIS : LE CHAR DE LA REINE DES REINES.

la Morisque et où les figurants, costumés à l'orientale, exécutent avec des sonnettes la danse sarrasine des épées. En Bourgogne, le dimanche gras donne lieu au baptême du seigneur Carnaval, immense mannequin de paille enguirlandé et enrubanné, qu'on promène en palanquin dans les rues et qu'on brûle vif, le mardi soir, sur un bûcher de sarments.

Cette coutume, il est vrai, se retrouve un peu partout. Carnaval ou Carême-Prenant, suivant qu'on l'appelle de l'un ou l'autre nom, est flambé ou jeté

à l'eau avec accompagnement de lamentations gro-
tesques. Il y a bien quelques variantes au programme.
C'est ainsi qu'en Bohême on figure messer Carnaval
au moyen d'une vieille basse qu'on recouvre de draps
blancs et qu'on porte en terre au son des violes
et des fifres. Dans le Jura, on se passe même de personnage. Le dimanche qui suit le carnaval s'appelle
dimanche des *Bures*, ou des brandons : on dresse
d'immenses bûchers de sapin sur le haut des montagnes et on danse tout autour à la nuit tombante.
Une coutume plus curieuse encore est celle de nos
paysans de ̄ ouraine : quand un jeune homme désire
se faire agréer d'une jeune fille, il porte à ses
parents, le jour du mardi gras, un gigot enveloppé
d'une serviette blanche. Si la jeune fille agrée l'hommage, elle retourne à son prétendu la queue du
gigot enguirlandée de rubans et de fleurs, et l'on
célèbre le soir même les fiançailles des amoureux.

Autre cérémonie originale, connue sous le nom
de *scie d'Harfleur* et qui se déroulait au Havre, dont
Harfleur n'est distant que d'un ou deux kilomètres :
une cavalcade partait de cette dernière ville, con-
duite par une façon de monarque burlesque tenant à
la main un sceptre qu'on appelait, je ne sais pourquoi, *bâton friseux*. « Derrière lui, dit Prosper
Legros, s'avançaient deux hommes costumés d'une
manière bizarre, qui portaient en triomphe une scie
bariolée de rubans. » La mascarade pénétrait au
Havre, rendait visite au maire, au commandant de la
place et aux principales autorités, et, à chacune de
ces stations, elle chantait une chanson de circonstance et donnait la scie à baiser. La cérémonie
datait de si loin, son origine était si ancienne, qu'on
en avait oublié la signification.

Il n'est pas jusqu'à la sévère et croyante Bretagne qui ne se laisse aller aux séductions du carnaval. Carême-Prenant y porte le nom de Meurlajé ou Morlajé, autrement dit « Boule-de-Graisse » ou « Mer-de-Suif ». Comment serait-on mélancolique avec un nom pareil? Un quatrain l'affirme :

> *Meurlaje a zo eur paotr ge !*
> *Me garche e badfe bemde*
> *Hag an eost diou wech ar bla,*
> *Gouël Mikel bep seiz bla.*

« Meurlajé est un gai luron! Je voudrais qu'il revînt tous les jours, et le temps de la moisson deux fois l'an, et la Saint-Michel (époque du terme) une fois seulement tous les sept ans. »

Comme pendant au carnaval breton, voulez-vous connaître un mardi gras cosaque? La scène est d'ordinaire dans une grange, où, harnachés de grelots et d'oripeaux, jeunes et vieux se livrent à un galop effréné en chantant une de ces *doumskas* populaires dont le grand compositeur russe Glinka n'a pas dédaigné de s'inspirer :

> Le vent siffle dans les bois.
> Il pleut, mais des chants s'élèvent dans la nuit.
> ' La ronde tourbillonne.
> Demain est au jeûne et à la prière;
> Aujourd'hui est à la joie.
> Vive le carnaval !

On s'explique moins que les Arabes, qui n'ont pas, malgré le Rhamadan, l'excuse de nos quarante jours d'abstinence, aient éprouvé le besoin de « faire carnaval », comme on disait au xviie siècle. « Qui se douterait, lisons-nous chez un explorateur, M. Bache, qu'à l'extrémité du Sahara algérien on dût trouver nos coutumes des jours gras? Il en est ainsi pourtant. Hommes et femmes se déguisent à l'envi, et cette mascarade générale, montée sur des chameaux, court pendant sept jours et sept nuits les rues et les marchés d'Ouargla. Ce n'est point là une importation française; la coutume existe de temps immémorial. » Nul doute cependant qu'elle ne disparaisse un jour où l'autre, comme notre propre carnaval. Les vieilles coutumes s'en vont, et ce n'est pas d'aujourd'hui qu'on l'observe. La disparition de celle-ci ne nous inspirera d'ailleurs qu'un regret médiocre; ces folies, souvent licencieuses, trahissent plus de fatigue que de véritable gaieté. Sommes-nous trop vieux pour nous y plaire ou n'est-ce point qu'elles avaient pour condition même les mortifications du « saint temps », auxquelles si peu de gens se soumettent encore? Les jours gras supposent des jours maigres, et qui mange et boit tout son saoul pendant le Carême ne sent plus la nécessité de se fortifier contre l'abstinence par une indigestion préalable.

> Mardi Gras est mort.
> Sa femme en hérite
> D'une cuillère à pot
> Et d'une vieille marmite.
> Chantez haut, chantez bas :
> Mardi Gras n'reviendra pas.

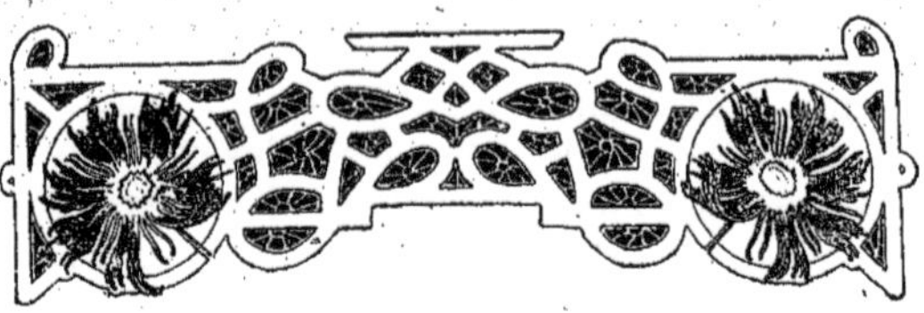

Pâques.

Chez nos amis les Russes, la fête de Pâques
pourrait s'appeler aussi bien la fête du Baiser. Il est
d'usage qu'on embrasse ce jour-là, n'importe où et à
quelle heure, la première personne qu'on rencontre.
Le tzar lui-même, en sortant de sa chambre, à
minuit sonnant, pour se rendre à l'église, donne le
baiser de paix à la sentinelle qui veille devant
sa porte. Dans les rues, les cochers descendent de
leurs sièges pour accoler le premier passant qui se
présente, que ce soit un grand seigneur ou un
simple *moujik* comme eux. Et la cordiale cérémonie
se renouvelle à l'intérieur des châteaux ou dans ces
magnifiques hôtels qui longent la perspective Newski :
à une certaine heure de la journée, tout le personnel
du château ou de l'hôtel, domestiques, serfs de la
glèbe, vieux bergers au casaquin de laine, pénètre
dans le grand salon du logis pour recevoir le baiser
des maîtres.

« *Christos voskrest !* Christ est ressuscité ! » disent-
ils les uns aux autres. Mais il ne ressuscite pas

le même jour pour tous les hommes, à cause de la différence des calendriers.

Le concile de Nicée a pourtant déterminé dès 325 l'époque où Pâques doit être célébré. Trois conditions sont requises : la fête doit venir après le quatorzième jour de la lune pascale ; elle doit coïncider avec le jour de l'équinoxe ou suivre ce jour, que le concile a fixé sans modification possible au 21 mars ; il faut enfin qu'elle ait lieu un dimanche. Le comput ecclésiastique a été établi pour régler officiellement la date annuelle de cette grande fête religieuse. Il règle du même coup celle du dimanche des Rameaux, qui la précède de huit jours et qui porte encore dans le peuple le nom de Pâques fleuries, par allusion aux perches garnies de fleurs qu'on mêlait jadis aux branches de laurier, d'olivier ou de gui, destinées à être bénites par l'officiant. Notons en passant que quelques villes de France, notamment Arcachon, continuent à piquer des roses au milieu des rameaux. C'est d'un effet charmant.

L'année civile commença pendant longtemps à Pâques. C'est en 1564 seulement qu'un édit de Charles IX recula l'ouverture de l'année au 1er janvier. Elle avait varié jusqu'alors et avait été tantôt fixée à Noël, tantôt au 1er mai, et enfin à Pâques sous les rois de la troisième dynastie. L'édit de Charles IX ne laissa pas de rencontrer certaines résistances. On continua de se souhaiter « la bonne année » le jour de Pâques. Cet usage était courant jusqu'à la fin du xviie siècle, et, aujourd'hui encore, il s'est conservé dans quelques cantons du midi de la France.

Peut-être même est-ce à la persistance de cet usage que nous devons les « œufs de Pâques », qui

PAQUES-FLEURIES A ARCACHON.

sont comme une variante des étrennes et qui s'offrent, d'ailleurs, avec le même cérémonial.

Quelle est leur origine? Je ne sais trop. Les savants ergotent et, à grand renfort de textes, cherchent à démontrer que l'œuf est ici un symbole et qu'il y faut voir l'image en raccourci de la création du monde. Une explication plus simple nous est donnée par les légendaires. Aux temps primitifs de l'Église, disent-ils, il était interdit de manger des œufs en carême. Les poules persistant à pondre, force était bien de les laisser faire. Mais, au lieu de confier les œufs à la poêle, on les serrait précieusement dans une réserve et, le vendredi ou le samedi saint, on allait à l'église les faire bénir : ils figuraient le dimanche suivant au menu familial, entre le pot-au-feu et la tarte montée.

Quoi qu'il en soit de cette explication, il est certain qu'au moyen âge déjà on échangeait de voisins à voisins des œufs de Pâques teints en rouge ou en bleu et que ces petits cadeaux passaient aussi bien que les nôtres pour entretenir l'amitié. Dans certaines familles, on allait jusqu'à les dorer. D'autres les faisaient peindre par de vrais artistes. L'usage s'en maintint bien après le moyen âge, et l'on montrait il y a peu de temps, parmi les curiosités du musée de Versailles, deux œufs de Pâques peints et historiés par Lancret et Watteau pour Mme Victoire, fille du roi Louis XV, à qui ils furent offerts.

Combien différents, les œufs de Pâques d'aujourd'hui! Et, d'abord, ils n'ont plus des vrais œufs que l'apparence; ils sont en sucre ou en chocolat, et beaucoup, par leurs proportions gigantesques, seraient dignes d'avoir été pondus par cet oiseau Rock des *Mille et une Nuits* qui, de ses ailes ouvertes, couvrait

tout un pan du ciel[1]. Si fastueux et si énormes soient-
ils, j'ai le mauvais goût de n'admirer que médiocre-
ment ces tours de force de la pâtisserie moderne et,
à tant faire que de convertir les œufs en friandises, je
n'hésite pas à leur préférer les simples œufs à surprise dont le fin gourmet Charles Monselet copia
jadis la recette sur un « viandier » du château royal
de Marly :

« Prenez douze œufs de belle prestance; faites à
chacun deux petits trous aux extrémités; passez par
un de ces trous une paille pour crever le jaune; videz
vos œufs en soufflant par un des bouts; mettez vos
coquilles dans de l'eau pour les rincer; égouttez-les
et faites-les sécher à l'air; délayez de la farine avec
un jaune d'œuf pour boucher un des trous de vos
coquilles; les ayant bouchées, laissez-les sécher et
remplissez-les de crème au chocolat, ou au café, ou
à la fleur d'orange, ou à la vanille; à cet effet,
servez-vous d'un très petit entonnoir; bouchez les
trous de ces coquilles; faites-les cuire à pleine eau
chaude (sans les faire bouillir); supprimez la pâte
des deux bouts de ces œufs; essuyez-les et servez
sous une serviette pliée pour entremets. »

Voilà une recette de délicat ou je ne m'y connais
plus. Elle n'est guère compliquée de surcroît. Je la
recommande à mes lectrices; mais, pour que la sur-

---

1. On en fait même en ivoire comme celui qu'un riche négociant de
Chicago offrit récemment à sa femme. Il mesurait près d'un mètre de
circonférence et contenait un second œuf qui, celui-là, était à musique
et jouait automatiquement le *Yankee Doddle.* Cette merveille bien amé-
ricaine avait coûté la bagatelle de vingt mille dollars. Encore était-elle
inférieure en magnificence à l'œuf de Pâques qu'une grande dame de la
cour offrit au tsar Alexandre II : tout en or massif, il avait un pied de
haut; les sept épisodes de la Passion étaient gravés sur sa coque, et
l'intérieur de celle-ci était occupé par un rubis taillé en forme de cœur
et enchâssé de diamants.

prise ait son plein effet, il importe qu'elles n'oublient point de placer les coquetiers sur la table. Vous voyez, cette fois, le coup de théâtre !

Et, puisque je parle de coup de théâtre, comment, en ce jour tout imprégné de surnaturel, ne pas donner un souvenir ému à ces chères cloches de Pâques dont le retour fait chaque année l'émerveillement des bébés, guettant, les yeux en l'air, le passage des voyageuses aux robes d'airain ? Connaissez-vous la légende des cloches de Pâques ? Elle a été contée fort joliment dans la *Tradition* par M. Henry Carnoy, et je voudrais vous la conter après lui en l'abrégeant un peu.

Donc, chaque année, le jour du jeudi saint, aux sons du *Gloria*, toutes les cloches de la chrétienté s'envolent vers Rome. Sitôt parties, sitôt rendues. Leur essaim s'assemble au-dessus de la Ville Éternelle, et, à trois heures de l'après-midi, à l'heure où le Christ expire, elles font entendre un funèbre lamento.

Quand les ténèbres couvrent la terre, le dernier pape entré au ciel descend et bénit les cloches. C'est alors une allégresse générale : des bruits argentins, pareils à des rires, s'échappent des plus grosses campanes ; les ailes des métalliques voyageuses battent d'une fièvre d'attente, si vive est leur hâte de retourner au clocher natal où elles ramèneront la joie et la vie. Mais toutes, hélas ! n'ont pas cette bonne fortune. Il arrive qu'à la bénédiction pontificale quelques-unes ne sont pas touchées de l'eau sainte. Malheur à celles-là, car leur retour est plein de périls : Jésus est mort ; les anges prient à son chevet ; ils ne peuvent veiller sur elles, et le diable, toujours aux aguets, en profite pour leur jouer mille tours

pendables. Il lance à leurs trousses son armée infer-
nale; les monstres hurlants de l'Érèbe se précipitent

LES ŒUFS DE PAQUES A LA DEVANTURE D'UN CONFISEUR.

sur les pauvrettes, les cernent, les pressent, les bous-
culent et les culbutent parfois dans quelque lac ou

dans un torrent. Tantôt ils soulèvent devant elles
un brouillard aussi épais qu'une muraille afin qu'elles
s'égarent en route ; tantôt ils se roulent sur la neige
des hautes montagnes et la font entrer en ébullition :
au milieu de ces vapeurs ardentes, l'airain menace
de fondre. C'est ainsi que plus d'une a rendu le
dernier soupir.

Telle est la légende des cloches de Pâques, et j'en
sais peu d'aussi jolies et qui éveillent en nous de
plus aimables souvenirs.

> Cloches qui courez au ras des prairies,
> Cloches qui frôlez la cime des bois,
> Sur l'aile d'argent de vos sonneries
> Emportez mon âme au ciel d'autrefois !

Cette fête de Pâques, où tout s'unit pour l'allégresse
des hommes, où à la joie de la résurrection du Sauveur
s'ajoute le sentiment d'on ne sait quel renouveau du
cœur et de l'esprit, soulagés enfin des pieuses
angoisses de la semaine sainte, où la nature elle-
même, frémissante et légère, semble prendre sa part
du bonheur universel, c'est bien, comme le veut la
liturgie, la fête des fêtes, le triomphe des triomphes.
Christos voskrest ! Christ est ressuscité, — et avec lui
le sourire et l'espoir de ce pauvre globe terraqué.

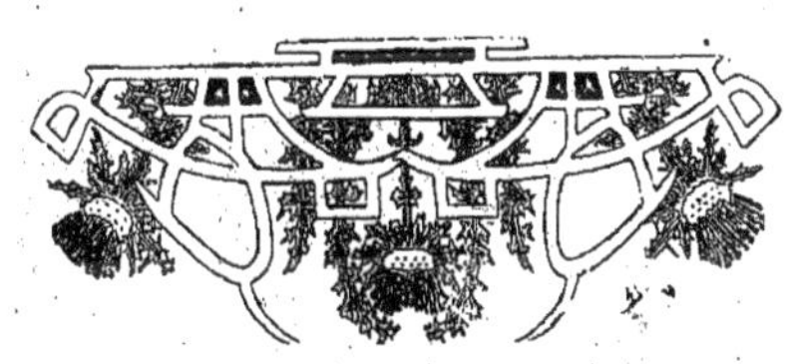

Le joli Mai.

> Joli mois de mai, quand reviendras-tu ?

Le voilà revenu, gai, léger, pimpant comme un page. Il sourit et tout rit autour de lui. Ce mois de mai est vraiment le triomphe du printemps. Avril et mars gardent je ne sais quoi d'équivoque ; il n'y fait jamais si doux la veille qu'on ait pleine assurance de ne point grelotter le lendemain. Tout autre est mai. Les gelées blanches et les giboulées lui sont inconnues ; il laisse ces traîtrises à ses voisins. L'aïr s'habille de clarté ; mille aromes y flottent, venus de la plaine et des bois :

> C'est comme un miel épars dans la lumière blonde,

et tel est le charme de cette caresse printanière qu'il agit tout ensemble sur l'esprit, sur le cœur et sur les sens.

Il paraît qu'autrefois, dans un village des Hautes-Alpes, nommé les Andrieux, lorsque, après cent jours d'éclipse, le soleil reparaissait enfin sur l'horizon, quatre bergers postés sur la place annonçaient sa résurrection au son des fifres et des cornemuses.

« Dans chaque ménage, dit un annaliste local, on avait confectionné des omelettes, et tous les habitants, leur plat à la main, accouraient vers les sonneurs. Autour du plus âgé des habitants, décoré pour la circonstance du titre de « vénérable », s'enroulait une farandole que les sonneurs conduisaient jusqu'à un pont voisin. Le « vénérable » tenait son omelette élevée au-dessus de sa tête; chacun déposait la sienne sur les parapets du pont; puis les danses commençaient jusqu'à ce que le soleil eût inondé le village de ses rayons. Le cortège retournait alors dans le même ordre sur la place et reconduisait le « véné- « rable » jusqu'à sa porte. Chacun rentrait chez soi et l'on mangeait les omelettes en famille. Au soir, les jeux et les danses recommençaient et se prolongeaient bien avant dans la nuit. »

Voilà, certes! une façon originale de célébrer le retour du soleil. Mais en quel pays le printemps n'est-il pas salué comme un bienfaiteur? Je me trouvais, certain jour d'avril, en Basse-Bretagne, dans un paysage qui m'est familier et que je ne reconnaissais plus : au lieu du joli ciel clair qu'est d'habitude le ciel des fins d'avril, de lourdes nuées, pareilles à des haillons et dans les déchirures desquelles le soleil avait bien de la peine à glisser un rayon furtif, se traînaient lugubrement. La pluie tambourinait aux vitres, chassée par le vent du sud-ouest, ce terrible *Circius* auquel l'empereur Auguste fit élever, dit-on, un autel dans les Gaules. Il arrivait sur nous de la mer, et le gémissement qui le précédait avait quelque chose d'une plainte humaine.

LA FÊTE DU RETOUR DU SOLEIL, DANS LES HAUTES-ALPES.

« Écoutez! disaient les bonnes gens. C'est la plainte des *criérien!* »

Ces *criérien* sont les âmes « dévoyées » des naufragés, des pauvres marins disparus dans la tourmente et dont les ossements réclament en vain la sépulture. Et la plainte tout à coup grossissait, s'enflait; de brèves rafales couchaient les joncs du palus; la lande roulait comme une houle. Enfin le vent se déchaînait librement, régnait en maître sur tout l'espace, et son grand souffle éperdu, forcené, ne cessait pas trois et quatre jours durant...

Le mois de mai, s'il est bon prince, nous revanchera de ces mésaventures. Il chassera les lourdes nuées du « suroît », ramènera d'exil l'hirondelle, le rossignol, le loriot et le coucou, qui sont les quatre symphonistes du printemps, et refleurira la campagne dénudée :

> Le mois de mai sans les roses,
> Ce n'est plus le mois de mai...

Et, sans doute, aux portes de Paris, dans cette délicieuse banlieue de la Muette et du Trocadéro, au Bois et dans les fermes-modèles qu'on y a établies, nous reverrons encore, au petit jour, défiler en cohorte pressée les amateurs du « lait de mai ». C'est une coutume qui est demeurée vivace au milieu de la ruine de tant d'autres. Le « lait de mai », trait dans de grands bassins argentés et versé tout mousseux, a une saveur, un parfum et, pour tout dire, une vertu qui ne se rencontre point ailleurs. Peut-être, tout bonnement, doit-il cette supériorité incontestable à l'absence d'éléments hétérogènes, tels que la poudre d'amidon et l'eau de fontaine dont on l'additionne

dans les villes. Au dire d'un vieux chroniqueur
normand, c'est en Normandie même qu'aurait pris
naissance la coutume du « lait de mai ». Quand fut
levé, en avril de l'année 1418, le siège de Rouen, qui
avait été marqué par une famine épouvantable, les
survivants, affaiblis par une longue privation, se
portèrent en grand nombre vers les fermes des environs pour y boire le lait du matin, qu'ils prisaient
plus ravigorant qu'un autre. Joignez que la marche
et l'air vif leur aiguisaient l'appétit. Toujours est-il
qu'ils se trouvèrent fort bien de ce nouveau régime.
Et ainsi s'établit de proche en proche l'habitude
d'aller boire, au retour du printemps, à la fine
pointe de l'aube, le lait écumeux qui rit dans la bas-
sine de métal clair...

« On se lasse de tout, disait Virgile, sauf de cor-
prendre. » Mais qui s'est jamais lassé du retour de
la lumière, des oiseaux et des fleurs ? La nature se
répète chaque année, et, chaque année pourtant, nos
yeux et nos cœurs participent à la joie de sa résur- ec-
tion. Qu'elle est belle, la terre, dans son antique
nouveauté !...

Ce matin, comme je courais les champs, j'ai sur-
pris, à l'angle d'un vieux mur ruiné et tout rongé de
lierre, un ménage d'hirondelles. Les petits levaient
déjà la tête au bord du nid, cependant que le père et
la mère traçaient de grandes paraboles dans le ciel
et poussaient des cris aigus : il faisaient la chasse
aux moucherons et, leur provision au bec, l'allaient
porter aux petits. C'étaient des martinets de rochers,
de cette espèce aux ailes longues et à la queue en
fourche qui est si commune dans tout l'Ouest et le
Midi. Nos hirondelles de villes, qu'on distingue en
hirondelles de fenêtres et *hirondelles de cheminée*, sont

les cousines germaines de ces martinets; elles en
diffèrent un peu par la taille et la forme des pattes ;
mais les mœurs sont les mêmes et l'instinct social
également développé. Une hirondelle a-t-elle été
prise au lacet ou s'est-elle blessée ? Toutes se ligue-
ront pour briser le lien qui la tient captive ou lui
fournir la becquée jusqu'à sa guérison. Un fait de
cette sorte est attesté par divers chroniqueurs du
xvi° siècle, qui en furent les témoins. La scène se
passait sur les toits du collège des Quatre-Nations,
aujourd'hui Collège de France. Une hirondelle, dans
une de ses caracoles aventureuses, avait rasé de trop
près la fenêtre d'une mansarde et s'y était pris la
patte à un lacet. Tous ses efforts n'aboutissaient
qu'à resserrer le lien. Elle se débattait et poussait
des cris d'appel. Ses sœurs l'entendirent et accoururent. Il y en avait bien un millier qui faisaient un gros
nuage noir autour de la mansarde. Chacune, en passant, donnait un coup de bec au lacet. En moins d'un
quart d'heure, la prisonnière fut délivrée.

Les hirondelles sont comme les roses : on les a
trop chantées. Théophile Gautier avait bien rajeuni
le thème au moyen d'un ingénieux exotisme. Vous
vous rappelez ses vers :

> L'une dit : « J'habite un triglyphe,
> Au fronton d'un temple, à Balbeck ;
> Je m'y suspens avec ma griffe
> Sur mes petits au large bec. »

> Celle-ci : « Voici mon adresse :
> Rhodes, palais des Chevaliers ;
> Chaque hiver ma tente s'y dresse
> Au chapiteau des noirs piliers. »

La troisième : « Je ferai halte,
Car l'âge m'alourdit un peu,
Aux blanches terrasses de Malte,
Entre l'eau bleue et le ciel bleu. »

Exquise fantaisie d'un vrai poète, mais qui n'a point prévalu contre le ridicule jeté pour jamais sur ces « fidèles messagères du printemps » par un stupide refrain de café-concert :

Ah ! pour moi, que la vie serait belle
Si j'étais *hi*,
Si j'étais *rond*,
Si j'étais *hirondelle !...*

N'empêche que, dans le fond du cœur, nous gardons une secrète tendresse pour ces charmants oiseaux qui sont, sur la grande page bleue du ciel, comme la signature multipliée du printemps, son souple et capricieux paraphe. Leur familiarité même nous touche ; leurs nids nous sont sacrés et semblent un présage de bonheur pour les maisons où ils sont accrochés. Vous imaginez-vous ce que serait un printemps sans hirondelles ? Il me semble qu'il manquerait quelque chose à l'air, ce quelque chose qui est la vie et que le perpétuel va-et-vient des hirondelles lui communique aux beaux mois...

Celui-ci, de tous, est le plus riant : mois de promesses, mois d'espérances, où la fleur commence d'éclore, où le fruit se devine, où les moissons pointent. D'où vient donc que les anciens le tenaient pour un mois néfaste, durant lequel il ne fallait rien entreprendre ? « Ne vous mariez pas en mai, disait Horace, sans quoi les flammes de l'hymen se changeraient bientôt pour vous en torches funèbres. » Il y a comme

un souvenir de cette superstition dans le proverbe :
« Noces de mai, noces mortelles ». Dans beaucoup
de nos campagnes encore, mais spécialement dans
les Pyrénées, le pays de Gex et le Berry, les paysans
évitent de se marier au mois de mai. Il en est de
même en Bretagne, où les mariages sont extrême-
ment rares à cette époque de l'année. Un brave
Kernévote, à qui j'en demandais la raison, me
répondit que, mai étant le mois de Marie, c'était par
respect pour l'Immaculée qu'on en agissait de la
sorte.

A la bonne heure ! Tout ce mois de mai, du reste,
que les Romains consacraient à Maïa, en qui ils per-
sonnifiaient la fécondité terrestre, et que les chrétiens
ont voulu placer sous le patronage de la Vierge-Mère,
abonde en cérémonies et en coutumes d'une grâce
incomparable. Il y a peu de temps qu'il était d'usage,
au premier jour du mois, de planter un arbre sur
les places publiques. Merlin Cocaïe, dans son latin
macaronique, constate cet usage sans l'expliquer :

> Prima dies mensis maii quo quisque plantas
> Per stradas ramos frondosos nomine *mazzos*.

« Le premier jour du mois, dit-il, on plante des
rameaux verts nommés *mais*. » Ces *mais* étaient le
plus souvent des peupliers. Dans certaines villes
on en faisait des mâts de cocagne qu'on lissait avec
de la graisse ou du savon et auxquels on accrochait
des saucissons, des chapons, des foulards et des
mouchoirs de poche. En d'autres contrées on dansait
autour de l'arbre. La grande cour du Palais de Justice de Paris porte encore le nom de Cour-du-Mai.
C'est que, nous apprend M. Garcin, « les clercs de la

Basoche, jusqu'au xviiie siècle, y ballaient et chantaient
pour la fête du printemps. Vingt-cinq d'entre eux,
vêtus de rouge, à cheval et suivis de musiciens, faisaient, durant plusieurs jours, une procession dans
Paris, donnant des aubades aux premiers magistrats
de la Cité; puis ils se rendaient en bel arroi dans la
forêt de Bondy, y marquaient trois chênes et en coupaient un qu'ils venaient planter au bas du grand
escalier du palais, dans la Cour-du-Mai, et autour
duquel ils menaient leurs rondes fort avant dans la
nuit. » Ailleurs le *mai* servait seulement aux fiancés.
C'était alors un simple rameau d'acacia ou de troène
fleuri, que les galants venaient planter le matin
devant la fenêtre de leurs belles. Ils y attachaient
quelques menues offrandes, des épingles ou des
rubans, et chantaient une façon de ritournelle rustique où défilaient les douze premiers jours du mois :

Le premier jour du mois de mai,
Que donnerai-je à ma mie?
Une perdriole,
Qui va, qui vient, qui vole,
Une perdriole,
Qui vole dans le blé.

Mais la coutume la plus curieuse de ce mois de
mai, c'est en Lorraine qu'il faut l'aller chercher. On
y appelle *trimazos* « trois jeunes filles vêtues de robes
blanches, parées de rubans et de fleurs, qui, le 1er mai,
viennent chanter et danser devant chaque maison
pour célébrer le retour du printemps. Dans certaines
localités, le ruban qui orne leur corsage est disposé
de manière à former un triangle. Leurs chants, dont
les refrains sont répétés par toute la troupe joyeuse
qui les suit, sont aussi appelés *trimazos*. » Ces *tri-*

mazos sont, d'ordinaire, des chants pieux, analogues aux noëls, comme celui qui s'ouvre par ces jolis couplets :

> La Vierge Marie
> S'en va par les champs.
> Sur ses bras elle porte
> Son tant bel enfant.
> Jésus, Notre-Dame,
> Béni soit devant !
>
> Sur ses bras elle porte
> Son tant bel enfant.
> — Pourquoi pleurer, mère,
> Pourquoi pleurer tant ?
> Jésus, Notre-Dame,
> Béni soit devant !...

Au dernier couplet, les jeunes filles font le tour de l'assistance. Donne qui veut et ce qu'il veut ! Tel y va d'une pièce d'argent et tel d'un humble sol. Nos *trimazos* acceptent même les dons en nature, beurre, œufs, volailles, qu'elles revendent ensuite et dont elles consacrent le produit à décorer l'autel de la Vierge...

D'origine moins ancienne que la fête profane du 1ᵉʳ mai, la fête religieuse des Rogations, qui est particulière à nos campagnes, fut instituée en l'an 474 par saint Mamert, évêque de Vienne en Dauphiné, « pour attirer la protection de Dieu sur les biens de la terre dauphinoise ». Quelques années plus tard (511), le concile d'Orléans généralisait la pieuse décision et en étendait le bénéfice à la France tout entière. Les Rogations (du latin *rogare*, prier) se célèbrent pendant les trois jours qui précèdent l'Ascension ; le clergé de chaque paroisse, bannière en tête, parcourt les champs et les prés, suivi d'une foule recueillie, et bénit les moissons naissantes. Cette belle fête est la même dans la plupart de nos provinces de France et le programme n'en varie généralement pas, sauf en Rouergue et en Franche-Comté où, après le passage de la procession, il est d'usage que chaque propriétaire ou locataire d'un champ plante, dans ledit champ, une petite croix de frêne ou de noisetier faite de deux branches entrelacées... En Vendée, la croix est remplacée par une tige d'aubépine, verdoyante amulette dont la présence, dit-on, suffit « pour empêcher que, plus tard, le blé engrangé se mette à germer ». Mais qui dira pourquoi, à Rochefort, le printemps éveille dans la population un goût si général et si vif pour la fricassée d'anguille, apprêtée et servie sur le pré d'Ablois avec des pâtisseries spéciales nommées *emblées* et *coireaux* ?

Bien d'autres coutumes relatives au mois de mai mériteraient sans doute de trouver place ici. J'ai dû me borner aux principales. « On ne goûte bien le charme du printemps qu'à l'aube de la vie », a dit Toppfer. Et Lamartine :

> Lorsque vient le soir de la vie,
> Le printemps attriste le cœur.

N'en croyez rien. Mai n'est point si exclusif qu'il n'admette que les têtes blondes au partage de ses grâces : les têtes chenues y ont part aussi. S'il est vrai qu'aucun mois n'éveille de sensations plus charmantes, enfant, on en goûte la plénitude heureuse ; vieillard, on se réchauffe encore à leur souvenir.

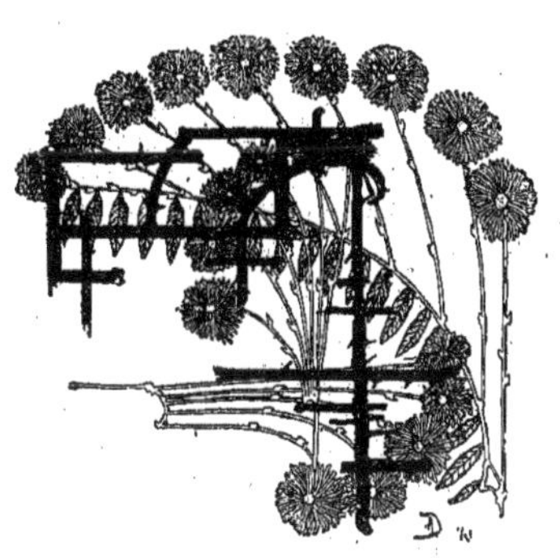

Les Feux de la Saint-Jean.

Les feux de la Saint-Jean!

C'était le soir, sur la place d'une petite ville, ou bien à la campagne, sur une hauteur dominant le paysage. Un bûcher d'ajoncs ou de brindilles, tordus en cône autour d'une grande perche et surmontés d'un bouquet et de l'étendard de saint Jean, attendait les « processionneurs ». M. le curé venait en tête, suivi du maire et des adjoints. La pieuse théorie faisait le tour du bûcher. Après quoi, M. le maire abaissait son cierge et allumait lui-même le *tantad*. La flamme montait dans un joyeux crépitement. Une lueur rouge baignait le ciel, et, la procession repartie, des danses se nouaient, cadencées et vives, autour du brasier agonisant. Quelques gars, plus hardis, s'amusaient même à le traverser d'un bond...

J'ai assisté à l'une de ces scènes en Bretagne, au hameau de Saint-Jean-du-Doigt, qui possède une église merveilleuse et un bijou de fontaine, renommée pour son eau miraculeuse. Le *tantad* était dressé devant l'église... Un ange descendait sur un

fil de fer et, du cierge qu'il tenait à la main, allumait
le bûcher. On aurait pu craindre que le voisinage de
l'église ne créât un danger d'incendie, et c'eût été
mal connaître les Bretons. Ils savent, de notion
certaine, que le soir de la Saint-Jean le vent tourne
toujours au nord-est, de façon à porter les flammes
dans la direction opposée. Ce changement du vent
est l'indice de la présence du saint. *Ari an aotrou
sant Yan en he pardon.* « Voici Monsieur saint Jean
qui arrive à son Pardon », disent les bonnes gens.

Il n'y a plus guère de feux de la Saint-Jean qu'en
Bretagne, en Vendée, et dans quelques cantons du
Midi. A Bordeaux, on en allume encore sur les
places publiques de certains quartiers populaires.
Tel apporte un fagot, tel une vieille futaille hors
d'usage, tel une caisse ou un panier défoncé. Des
rondes se forment, les enfants tirent des pétards,
les femmes fredonnent une chanson, quelquefois un
ménétrier mène le branle. Bordeaux est vraisemblablement avec Brest la seule grande ville de France
qui ait conservé l'usage des feux de la Saint-Jean.
Encore, à Brest, les bûchers sont-ils remplacés par
des torches promenées sur les glacis, qu'on lance
en l'air et qui retombent en secouant une poussière
lumineuse. En Poitou, la coutume est de prendre
une roue de charrette dont on entoure le cercle et
les jantes d'un fort bourrelet de paille. La roue,
allumée au moyen d'un cierge bénit, est promenée
dans la campagne que ses étincelles doivent ferti-
liser. Il n'est point malaisé de voir là le souvenir
d'une pratique païenne : la roue symbolise le soleil
à son entrée dans le solstice. Et l'on sait de reste
que les Celtes, le 24 juin, célébraient la fête du
renouveau, de la jeunesse ressuscitée du monde.

Leurs druides, suivant une tradition rapportée par M. Jules Perrin, faisaient cette nuit-là le recensement des enfants nés dans l'année et allumaient sur toutes les hauteurs des bûchers en l'honneur de Teutatès, père du feu. L'exquis auteur de *Brocéliande* put se croire rajeuni de deux mille ans certain soir de juin qu'aux environs de Ploërmel il assista, stupéfait et ravi, à l'embrasement de l'horizon.

« Un à un, dit-il, tous les villages s'allumaient. A la flamme de Taupont répondait celle de La Touche, et la lumière gagnait l'autre côté de la vallée, revenait vers Ploërmel par la Ville-Bernier, la Ville-Réhel ; lentement les fumées ondulaient dans l'air, s'effaçaient et se perdaient sous l'ardent rayonnement des brasiers, et bientôt les flammes dégagées montèrent hautes et droites vers le ciel, perpétuant le souffle des vieux cultes consécrateurs du feu qui est la source première de la vie universelle. »

Cette survivance de traditions millénaires ne laisse pas en effet de surprendre un peu au premier abord. Mais, pour qui connaît l'âme bretonne et qui sait combien elle s'est peu modifiée à travers les âges, le phénomène paraît banal. En quelques paroisses de la Haute-Cornouaille, la cérémonie avait d'ailleurs une conclusion assez funèbre : quand les danses avaient cessé et que le feu était près de s'éteindre, on l'entourait de grandes pierres plates destinées, dans la pensée des assistants, à servir de siège aux *anaon*, aux mânes grelottants des pauvres morts de l'année, avides de se reposer quelques heures en tendant leurs mains débiles vers les cendres...

Paris, — inutile de le dire ! — n'a plus de feux de Saint-Jean. Les derniers datent de l'ancien régime.

On dressait alors le bûcher sur la place de Grève et c'était le roi en personne, assisté de toute sa cour, qui l'enflammait. L'historien Dulaure nous a laissé la description d'une de ces cérémonies, qui se passa sous Charles IX :

« Au milieu de la place de Grève était placé un arbre de soixante pieds de hauteur, hérissé de traverses de bois auxquelles on attacha cinq cents bourrées et deux cents cotrets; au pied étaient entassées dix voies de gros bois et beaucoup de paille. Cent vingt archers de la ville, cent arbalétriers, cent arquebusiers, y assistaient pour contenir le peuple. Les joueurs d'instruments, notamment ceux que l'on qualifiait de *grande bande*, sept trompettes sonnantes, accrurent le bruit de la solennité. Les magistrats de la ville, prévôt des marchands et échevins, portant des torches de cire jaune, s'avancèrent vers l'arbre entouré de bûches et de fagots, présentèrent au roi une torche de cire blanche, garnie de deux poignées de velours rouge; et Sa Majesté, armée de cette torche, vint gravement allumer le feu. »

Le dernier monarque qui alluma le feu de Grève de ses mains fut Louis XIV. Plus tard cet honneur revint au prévôt des marchands et, à son défaut, aux échevins. Par une bizarrerie véritable, la perche qui soutenait le bûcher était surmontée d'un tonneau ou d'un sac rempli de chats vivants. C'est ainsi qu'on lit dans les registres de la ville de Paris : « Payé à Lucas Pommereux, l'un des commissaires des quais de la ville, cent sous parisis pour avoir fourni, durant trois années finies à la Saint-Jean 1573, *tous les chats qu'il falloit audit feu, comme de coutume*, et même pour avoir fourni, il y a un an où le roi y assista, un renard pour donner plaisir à Sa Majesté,

LES FEUX DE LA SAINT-JEAN, DANS LE POITOU.

et pour avoir fourni un grand sac de toile où estoient lesdits chats. » Il arrivait, en effet, que, pour ajouter plus d'éclat à la fête, quand d'aventure Sa Majesté y assistait, on joignait aux chats quelque animal féroce, ours, loup, renard, dont l'autodafé constituait un divertissement de haut goût...

Mais la Saint-Jean n'avait pas que ses feux : elle avait aussi ses herbes, ses fameuses herbes de la Saint-Jean qui, cueillies le matin, pieds nus, en état de grâce et avec un couteau d'or, donnaient pouvoir de chasser les démons et de guérir la fièvre. On sait que, parmi ces fleurs mystérieuses, se trouvait la verveine, la plante sacrée des races celtiques. On la cueille encore sur les dunes de Saintonge en murmurant une formule bizarre, nommée la *verven-Dieu* et dont le sens s'est perdu.

Mais voici mieux : les Espagnols appellent la vigile de la Saint-Jean la *verbena de San-Juan*, la verveine de Saint-Jean. Dans toute l'Espagne, dit un savant docteur de l'Université de Madrid, M. Otero Acevedo, on allume ce soir-là de grands feux, appelés *lumés*, qui sont entretenus toute la nuit et que les enfants traversent en bondissant suivant un rythme qui rappelle les danses antiques. Sur la côte, la population va s'ébrouer dans la mer, malgré le froid souvent très vif, quoi qu'en disent les almanachs; ceux qui habitent les villages de l'intérieur vont dans les prairies, dont l'herbe est encore très courte, et se roulent dans la rosée; c'est, paraît-il, un préservatif et, au besoin, un remède souverain contre les maladies de la peau[1]. Les jeunes filles, ce

---

1. On trouve la même superstition en Saintonge. Seulement elle s'y pratique, non à la Saint-Jean, mais à la Pentecôte. Le matin de ce

soir-là, remplissent d'eau un vase qu'elles déposent
au rebord de la fenêtre et, à minuit sonnant, elles y
écrasent un œuf frais provenant d'une poule noire :
suivant la forme que prend cet œuf, celle qui inter-
roge ainsi le destin voit apparaître un *novio*, un château, un cercueil, etc. Inutile d'ajouter que c'est
toujours le *novio* qui se laisse deviner. Quant à la verveine qui a donné son nom à la vigile, il est d'usage de
l'aller cueillir au coucher du soleil, puis de la plon-
ger dans l'eau et de l'y laisser jusqu'au jour, exposée
aux rayons de la lune ; cette eau sert, le lendemain,
à se laver le visage. On dit également, en Espagne,
de celui qui a l'habitude de se lever tôt, qu'il va
cueillir la verveine, *coge la verbena*...

Semblablement, chez nous, de quelqu'un qui se
couche tard, on pourrait dire : « Il est allé ramasser
un charbon de Saint-Jean. » Le fait est que ces charbons passent en Bretagne pour avoir toutes sortes
de propriétés merveilleuses. Il en suffit d'un recueilli
dans les cendres du *tantad* et dévotement placé, au
retour, dans un coin du foyer, pour préserver la
maison de l'incendie et de la foudre. On dit encore
qu'en balançant les nouveau-nés devant la flamme
de trois *tantads*, on les garde à tout jamais contre le
mal de la peur...

Croyances puériles, sans doute, et qui témoignent
d'une âme singulière et naïve, agitée plus qu'aucune
autre par le frisson du surnaturel. Mais la vérité est
que les Bretons, en même temps que les plus supers-
titieux, sont les plus traditionnels des hommes. Où
qu'ils aillent, ils apportent avec eux les coutumes de

jour-là, les garçons qui ont des peines de cœur vont se rouler en secret
dans la rosée : ce traitement à la Kneipp s'appelle « prendre l'aiguaille
de Pentecôte ».

leur pays. C'est ainsi que, dans cette nuit sacrée du
24 juin, tandis que la Bretagne lointaine, là-bas, derrière l'horizon, s'étoile de points d'or et danse autour
de ses *tantads*, la mer d'Islande, à son exemple, se
fleurit de soudaines constellations.

Un baril, depuis le matin, sur la goélette, oscille
lourdement à l'extrémité de la grande vergue. On y
a empilé d'antiques défroques, mouffles, « cirages »,
vareuses, préalablement trempées dans le goudron
et l'huile de foie de morue. Comme en Bretagne de
son fagot, chaque homme y est allé de sa contribu-
tion personnelle de vieux chiffons. L'équipage, vers
huit heures, a formé le cercle au pied du mât. Il ne
fait pas nuit « à » Islande, du 1er mai au 1er octobre.
Est-ce le jour, pourtant, ce crépuscule perpétuel, ces
limbes blafards, où grelotte un soleil chlorotique ?...
Le novice grimpe dans les enfléchures, boute le feu
au baril. Et voici que, dans un tourbillon d'opaque
fumée noire, la flamme éclate, bondit, se propage,
dirait-on, de bord à bord. Phénomène explicable,
toutes les goélettes bretonnes ayant leur fouée traditionnelle, leur *tantad* aérien suspendu à l'extrémité de la grande vergue et qui déchaîne, dans
l'instant qu'il s'allume, les acclamations frénétiques
de l'équipage. Le tumulte s'apaise pour la récitation
de la prière. Puis, le capitaine descend dans le poste
payer « la double » à ses hommes.

Et, ce soir-là, les « Islandais » s'endorment en
rêvant de la Bretagne.

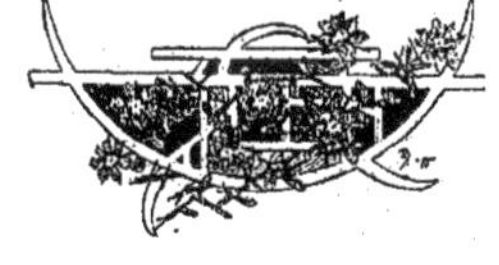

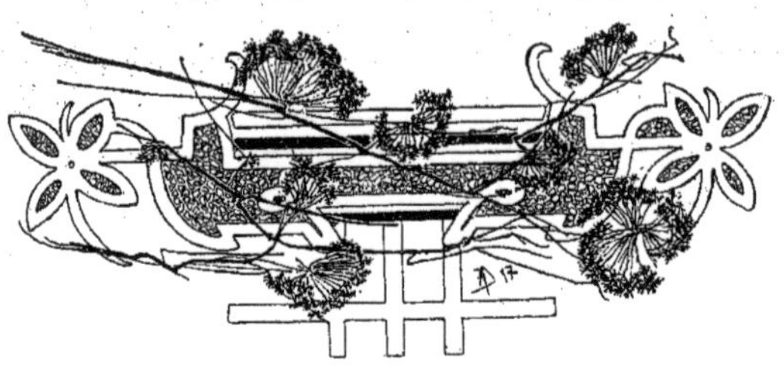

Une représentation de Mystère.

L'été de 1898 fut une date pour la Bretagne. On y
représenta, sur un théâtre construit par Ludovic
Durand et dans des décors signés Maxime Maufra,
un vieux *mystère*[1] intitulé : *la Vie de saint Gwénolé*.
Et ce mystère fut joué en plein air, sur la place de
Ploujean, par une troupe composée tout entière
d'artisans et de laboureurs ; le chef de cette troupe,
Thomas Parc, dit Parkic, cumule lui-même, dans le
privé, les fonctions de cultivateur, de fournier,
d'aubergiste et de barbier. Les troupes du moyen
âge n'étaient point composées différemment. Il n'y
avait point autrefois d'acteurs de profession : c'étaient
des gens du peuple qui se réunissaient aux grands
jours pour représenter les naïfs mystères ou les

1. On appelle *mystères* les pièces qu'on représentait au moyen âge ;
presque toujours le sujet en était emprunté à l'Ancien ou au Nouveau
Testament ou encore à la vie des Saints, tels que les traduisait l'imagination populaire. Elles étaient coupées d'ordinaire par de petites pièces
profanes et burlesques, nommées *soties*, dont la *Farce de Maître Pathelin*
est restée le type le plus achevé.

amusantes *soties*, dont le spectacle servait à régaler la foule.

N'est-ce pas un fait singulier pourtant et bien caractéristique de la proverbiale ténacité des Bretons que cette persistance chez eux d'un théâtre qui a disparu des mœurs françaises depuis plus de trois cents ans? Sans doute les représentations de mystères ne se donnent plus en Bretagne que de loin en loin. Il n'en était pas de même il y a une cinquantaine d'années encore. Dans toutes les foires, dans tous les marchés et pardons de Bretagne, on voyait se dresser des échafaudages et des tréteaux de bois grossier, où quelque troupe d'acteurs indigènes représentait en dialecte celtique la *Vie des Quatre fils Aymon*, le *Purgatoire de saint Patrice* ou la *Passion de notre maître Jésus*.

Le peuple se portait en foule à ces représentations. « Elles devinrent bientôt pour lui, dit Luzel, un véritable besoin et comme un enseignement national. » Fort peu exigeant sur la mise en scène et le jeu des acteurs, il ne l'était pas davantage sur la couleur locale et la vérité historique ou géographique. Dans le *Mystère de sainte Geneviève*, Charles-Martel est général en chef des armées de Henri IV ; dans la *Vie de saint Guillaume*, le Poitou est situé entre la Turquie, la Perse et l'Hibernie ; dans la *Vie de saint Gwénolé*, les cabaretiers d'Is vendent du café, — au v° siècle !

Ces anachronismes sont de règle dans le théâtre populaire. Nos mystères français ne se distinguent guère, sur ce point, des mystères bretons, et, d'ailleurs, ceux-ci dérivent très évidemment de ceux-là. C'est ainsi qu'ils leur ont emprunté la division en « journées ». Le théâtre du moyen âge ne connaissait, en effet, ni les actes ni les scènes, mais seule-

LE RETOUR DU PARDON, EN BRETAGNE.

ment les « journées ». Cela s'explique, si l'on veut bien réfléchir que tel de nos anciens mystères, comme celui de la Passion, n'avait pas moins de trente-cinq mille vers et qu'il fallait toute une semaine pour en venir à bout. Ces représentations dramatiques n'avaient lieu, il est vrai, dans le reste de la France comme en Bretagne, qu'à d'assez longs intervalles; il ne s'en faisait guère, en moyenne, plus d'une par an et par ville. D'où le prestige qu'elles exerçaient sur la foule. On s'y rendait de trente lieues à la ronde. Le jurisconsulte Chassanée parle ainsi d'une représentation de la *Vie de saint Lazare*, donnée à Autun en 1516, et pour laquelle on avait construit un amphithéâtre qui ne contenait pas moins de quatre-vingt mille personnes !

En Bretagne, le théâtre, fabriqué avec des planches posées sur des madriers et des barriques, s'élevait d'ordinaire au milieu de la place ou du champ de foire, quand il ne s'adossait pas tout uniment au mur du cimetière ou au pignon de l'église paroissiale.

« Quelquefois, dit Luzel, en contre-bas du théâtre principal, on en construisait un second, plus petit, destiné à jouer des intermèdes. Des deux côtés, il y avait des coulisses, reliées entre elles par un corridor circulaire; au fond existait un escalier par où les acteurs pouvaient descendre sous la scène pour attendre leur tour de reparaître, pour repasser leur rôle ou se rafraîchir. »

Toute représentation, en Bretagne, s'ouvre par une invocation à l'Esprit-Saint: excellente manière de nous rappeler que le théâtre est d'origine liturgique et prit naissance, au moyen âge, dans l'église même. Puis un des acteurs, « le plus habile et le mieux au fait des usages et des vieilles traditions, s'avance seul

REPRÉSENTATION D'UN MYSTÈRE AU XV° SIÈCLE.

…mier plan, l'intérieur d'une des loges ou échafauds, où prenaient place les notabilités de la ville ; au fond, la scène horizontale où se joue le mystère de la Passion ; à droite, un échafaudage figurant l'Enfer, d'où s'échappent des démons.

sur la scène, salue profondément, et, d'un ton lent et grave, moitié chantant, moitié déclamant, il récite une sorte de discours rimé, nommé prologue, où il réclame d'abord le silence et l'attention de l'auditoire, « clergé, nobles et commun », et le prie de se montrer indulgent pour ses fautes et pour celles de ses camarades, « pauvres gens qui ne sont pas instruits et qui n'ont jamais été à l'école, comme les fils des nobles et des riches bourgeois ». Il expose ensuite la pièce brièvement. Précaution indispensable pour que ce public, d'intelligence vive, mais de culture un peu sommaire, ne soit pas trop dérouté par les brusques mouvements de la scène et suive, sans trop d'effort, l'action éminemment complexe qui va se dérouler sous ses yeux. Une coutume bizarre et non expliquée veut aussi que l'acteur qui récite ces prologues fasse, de quatre vers en quatre vers, une évolution autour du théâtre. C'est ce qu'on appelle la *marche*. Un vieux manuscrit, cité par Émile Souvestre, dit que, pendant ce temps, « rebecs et binious doivent sonner ».

Le prologue achevé, la représentation commence. Elle dure en moyenne trois grandes heures et se termine par un épilogue. Mais, comme les pièces bretonnes ont généralement deux « journées », ce premier épilogue n'est en somme qu'un intermède ou plutôt une « annonce » rimée. Afin que le public ne s'y trompe pas, on a soin de le prévenir que la pièce n'est qu' « à sa moitié » et on l'invite à revenir le lendemain « sans faute », en lui promettant plus d'émotions et d'intérêt que dans la journée précédente, « attendu que le plus beau reste encore à jouer ».

Le public manque rarement de répondre à l'invi-

tation. La seconde « journée » commence, et l'affluence des spectateurs est encore plus grande que
la veille. L'acteur chargé du prologue ou, comme
l'appelaient abréviativement les Latins, le *Prologue*
(par une majuscule), entre en scène et débite son
petit sermon avec les flatteries et les compliments
ordinaires à l'adresse de l'assistance. Cependant, et
comme celle-ci peut avoir la mémoire courte ou
qu'une partie de l'auditoire peut n'avoir pas assisté à
la représentation précédente, les acteurs bretons
recourent quelquefois à un expédient original auquel s'est laissé prendre plus d'un crédule specta-
teur.

« Une belle demoiselle, une étrangère, dit Luzel,
paraît tout à coup à l'extrémité de la place, sur une
haquenée blanche ; elle traverse les rangs pressés de
la foule, toute surprise, et pousse jusqu'au théâtre,
où le *Prologue* est en train de débiter son discours.
Elle s'arrête, adresse la parole à l'orateur et lui
demande la raison d'un si grand rassemblement et
pourquoi il pérore et gesticule de la sorte, comme
un comédien sur le théâtre. Le *Prologue*, en galant
artiste, lui tend la main, l'invite à monter près de lui
et lui fait un résumé fidèle de ce qui a été représenté
la veille, ainsi que de ce qui va suivre. La belle
demoiselle, satisfaite, le remercie de sa complaisance
et témoigne de son regret de ne pouvoir assister à
la représentation ; mais il faut qu'elle soit à Tréguier
avant la nuit ; elle remonte donc sur sa haquenée
blanche, fait ses adieux et disparaît par la route qui
mène vers la ville. »

Les acteurs reviennent alors en scène et entament
la seconde partie de la pièce. Il est bien rare qu'elle
soit terminée avant le coucher du soleil. L'action

languit un peu dans les pièces bretonnes. Tout s'y passe en récits, et, par surcroît, ces récits sont coupés de cantiques interminables. Les récits eux-mêmes et jusqu'au dialogue, au lieu d'être déclamés comme chez nous, sont psalmodiés sur un air de plain-chant qui ralentit encore la marche de l'action. Vaille que vaille, on arrive au dénouement. Mais tout n'est point terminé avec la pièce, et il reste à entendre l'épilogue de la seconde journée ou *bouquet.*

C'est là que le poète doit montrer toute son adresse et sa science et répandre à pleines mains les fleurs de sa naïve rhétorique. Il s'agit en effet, après avoir amusé le peuple, de stimuler sa générosité. Entreprise délicate. Tandis que le *Bouquet* déploie ses grâces sur la scène, deux des confrères du récitant circulent dans les rangs de l'assistance. Le public breton ne se fait pas trop tirer l'oreille et les pièces de dix sols, mêlées au billon, pleuvent dans l'escarcelle des acteurs. Le produit de cette quête est tout leur bénéfice et ces braves gens sont satisfaits s'il suffit à payer le banquet pantagruélique qui les réunira, sous quelque tente de cabaret, à la fin de la dernière journée. Leurs frais, par ailleurs, sont assez médiocres. Telle est la passion dramatique du public breton que c'est à qui prêtera gratuitement sa collaboration aux acteurs : les menuisiers, charpentiers, forgerons, s'emploient à la construction de la scène ; les paysans fournissent le charroi ; les aubergistes, des fûts vides ; les bourgeois, des ornements et des planches. Il n'était pas jusqu'aux familles nobles qui ne se fissent un devoir de fouiller dans leur garde-robe et d'y emprunter « des vieilles rapières rouillées, perruques, habits de marquis et de

UNE RÉPÉTITION DE MYSTÈRE EN BRETAGNE : LA VIE DE SAINT GWÉNOLÉ.

marquises, tentures à personnage, voire des costumes de gardes nationaux pour orner la scène et habiller les acteurs ».

Le théâtre breton n'est cependant pas très riche en mystères originaux. Sur les quelque cent cinquante spécimens que nous en possédons et dont les sujets sont presque toujours empruntés aux romans de chevalerie et à la vie des saints, à peine si cinq ou six traitent des sujets strictement bretons.

La vie de saint Gwénolé est du nombre. L'action nous transporte au ve siècle, à la cour du roi Grallon, dans la légendaire ville d'Is. C'est une triste époque pour la Bretagne. Grallon, par sa faiblesse, a laissé la licence et les vices s'installer en maîtres dans sa capitale. A l'anarchie des mœurs s'ajoute la menace de l'invasion étrangère. Mais Dieu suscite à temps un sauveur dans la personne du jeune Gwénolé, neveu de Grallon et fils d'un seigneur de la Grande-Bretagne nommé Frégan et de sa femme, la princesse Alba. La curieuse gravure que nous donnons ici, d'après un « instantané » pris pendant les répétitions de Ploujean, représente la scène où Frégan et sa famille supplient le Seigneur de venir en aide aux Bretons. Cette prière est exaucée : l'invasion barbare est repoussée et Grallon se convertit au vrai dieu. Mais ses sujets, au lieu de l'imiter, le tournent en dérision et se ruent dans la débauche avec une furie nouvelle. Cette fois la patience divine est à bout. Is, en qui ressuscitent Gomorrhe et Sodome, connaîtra le même sort que ces villes maudites : elle périra par l'eau comme elles ont péri par le feu. Gwénolé, « le saint de la mer », est chargé d'en avertir Grallon.

GWÉNOLÉ.

La troisième nuit du troisième jour, Is sera
engloutie; Dieu aura fait justice. Mais, ô mon oncle,
avant de vous quitter, je vous conjure de bien guetter
le chant du coq : à dix heures il chantera et vous
vous préparerez à quitter la ville; et, quand il chantera pour la seconde fois, vous sauterez en selle ; et,
quand il chantera pour la troisième fois, alors il
faudra faire galoper votre cheval haut et bas, sans
regarder derrière vous...

GRALLON.

Mon saint neveu, je ferai comme vous avez dit;
j'exécuterai toutes vos recommandations..

GWÉNOLÉ.

Adieu donc, mon oncle! Et à vous aussi, pauvres
gens d'Is, qui n'avez pas voulu m'écouter et vous
convertir, adieu! Désormais je ne puis rien pour
vous.

Telle est, dans ses grandes lignes, l'affabulation
du mystère joué à Ploujean et dont la représentation,
placée sous le patronage des plus hautes autorités du monde celtique, d'Arbois de Jubainville,
Loth, Gaidoz, etc., et présidée par Gaston Paris, a
obtenu tout le succès qu'on était en droit d'espérer.
Sous différents noms, nous avons eu en ces derniers
temps plusieurs essais de théâtre populaire. On n'a
pas oublié, particulièrement, les représentations de
la Motte-Sainte-Héraye, de Puiserguier, de Brives,
surtout de Bussang, dans les Vosges, en un cadre
plein de fraîcheur et de magnificence, où les sévères
beautés de la montagne s'allient à la grâce fleurie
des vallées et des plaines. Et l'on sait les efforts

tentés, à Tardets et à Barcus, pour ranimer la pas-
torale basque. Ces théâtres en plein champ ont
désormais leur pendant à la pointe extrême du ter-
ritoire, en Bretagne. Il s'agit moins ici, à vrai dire,
d'une création, comme à Bussang et à La Motte-
Sainte-Héraye, que d'un essai de restauration. L'essai
a réussi. Peut-être, s'il provoque d'autres tentatives,
rendra-t-il quelque vie à l'art dramatique breton et
lui permettra-t-il de courir une nouvelle carrière
dans le champ élargi de la tradition et de l'histoire [1].

1. Nous étions bon prophète en écrivant ces lignes : le théâtre
breton, nouveau phénix, renaît un peu partout de ses cendres. Il y a
aujourd'hui près de trente troupes d'acteurs en Bretagne et le répertoire
de ces troupes s'enrichit chaque jour de quelque pièce nouvelle. Le
barde Taldir (Jaffrennou) n'a pas composé à lui seul moins de sept
pièces dont plusieurs, comme *Pontkallec*, fort remarquables : elles
viennent d'être réunies en volume sous le titre : *Teatr brezonek poblus.*

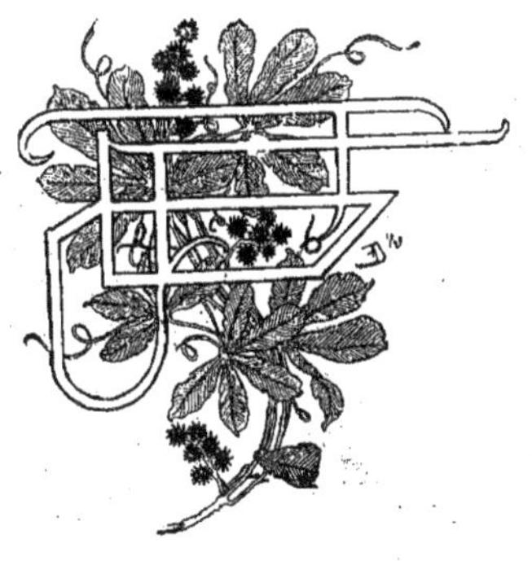

Danses et Musiques populaires.

On avait cru longtemps, sur la foi des dictionnaires, que la danse avait disparu dans la tourmente des invasions barbares pour renaître seulement au xvᵉ siècle dans la Florence des Médicis. Grave erreur ! M. Alfred Jeanroy a retrouvé nombre de chansons remontant au xiiiᵉ siècle et M. Joseph Bédier vient de proposer de ces chansons une interprétation aussi ingénieuse que nouvelle.

Oui, l'on dansait au moyen âge ; mais l'on y dansait aux chansons, comme on fait encore dans le peuple et chez les enfants. *Nous n'irons plus au bois ; Giroflé, Girofla ; Il pleut, il pleut bergère ; Compère Guilleri ; le Chevalier du guet*, etc., etc., autant de chansons populaires qui sont en même temps des airs de rondes enfantines...

Il eût été bien extraordinaire aussi qu'une race comme la nôtre se fût privée de « baller » et de « sauter » pendant huit ou neuf cents ans. Nos pères de ces temps reculés avaient surtout une danse qu'ils aimaient et qu'on appelait la *carole*. Cette carole était

une chaîne, ouverte ou fermée, de danseurs et de
danseuses, qui se mouvaient au son des voix, plus
rarement au son des instruments. La danse consis-
tait, à l'ordinaire, en une alternance de trois pas faits
en mesure vers la gauche et de mouvements balan-
cés sur place; un vers ou deux remplissait le temps
pendant lequel on faisait les trois pas et un refrain
occupait les temps consacrés aux mouvements balan-
cés. Un coryphée conduisait le branle et chantait
les airs à danser, que le chœur reprenait au refrain.
Cela n'était pas très compliqué, sans doute, mais cela
ne manquait point d'une certaine grâce rustique,
comme on peut s'en convaincre en visitant les pays
où nos anciennes danses populaires se sont conser-
vées.

Car nos anciennes danses populaires vivent encore.
Je ne suis pas sûr que la *morisque*, malgré son nom
étrange et les grelots qu'on s'y attache aux genoux,
remonte directement à la conquête sarrasine et je
laisse à de plus savants de décider si le siège de
Marseille par Jules César est pour quelque chose
dans les *Olivettes,* ce joli pourchas mystérieux où les
danseurs, couronnés de feuillage, se relancent d'arbre en arbre en chantant :

> Allons! allons, Annette!
> Dansons les *Olivettes…*

Mais je verrais volontiers dans la *farandole* pro-
vençale une réminiscence de la carole. La farandole
aussi est une chaîne que mène un coryphée. Et tantôt
la chaîne se noue, tantôt elle s'allonge en spirales,
tantôt elle glisse sous l'arc des bras levés pour lui
donner passage…

Ah! la jolie danse, si vive, si gaillarde, si franche-
ment, si sainement populaire! Mais, pour la conduire, il faut un tambourin. Or il paraît que le tam-

CHANSON POPULAIRE : LE CHEVALIER DU GUET.

bourin se meurt; et, si je n'ajoute pas : le tambourin
est mort, c'est qu'afin de lui rendre quelque vie, nos
bons félibres, sur l'initiative d'un des leurs, M. Claude
Brun, pétitionnent et s'agitent pour obtenir l'ouver-

ture d'une classe de tambourinaires au Conservatoire
de Marseille.

Vous me direz qu'il y avait déjà des « écoles » de
tambourinaires à Aubagne, à Cannes, à Aix, etc.
Pauvres écoles sans doute! Et vous m'objecterez le
Valmajour d'Alphonse Daudet, qui n'avait pas eu
besoin de professeur et s'était découvert une âme
de tambourinaire « en entendant chanter le rossignol ». Peut-être n'y a-t-il plus de rossignols en Provence. De toute manière M. Brun a raison, et il ne
faut point attendre, si l'on veut sauver du trépas le
peu qui subsiste chez nous de l'antique « ménestran-
die » populaire. Ce n'est pas le tambourin seulement
qui est menacé, c'est la cabrette auvergnate, la vielle
et la musette berrichonnes, la bombarde et le biniou
bas-bretons. Que viennent à disparaître ces instruments vénérables, et les airs qu'ils sonnaient, les
danses qu'ils accompagnaient, disparaîtront avec
eux. Notre patrimoine artistique en serait singulièrement diminué. Et la couleur locale n'en souffrirait
pas moins. Vous imaginez-vous la Provence sans ses
tambourinaires? « Le tambourinaire, dit Daudet, mais
c'est la Provence faite homme! » Tout le corps de
l'instrumentiste vibre à la fois : une des mains bat la
caisse, l'autre se promène agilement sur les trous
d'une petite flûte. *Pan-pan,* dit le tambourin; *tu-tu,*
réplique le galoubet. Et en avant pour la *farandole,*
la *morisque* ou les *olivettes!*

Mais il n'est pas de tambourin qu'en Provence, et
le Béarn aussi a le sien, moins étroit, sinon moins
léger, sorte de bedon à six ou sept cordes accordées
en quintes. Comme en Provence, l'instrumentiste
n'en joue que d'une main; l'autre tient un flûtet à
cinq trous. Et les Béarnais, svelte race, jarrets d'acier,

s'entendent à suivre le mouvement : ces « petits hommes noirs et brûlés », comme les appelle Michelet, ne craignent personne au déduit non plus qu'au feu. Un peu plus bas, vers le sud-ouest, chez les Basques, qui ont donné leur nom au petit tambour à grelots en usage dans toute l'Espagne et l'Afrique mauritane, une vieille danse, le *mouchico* ou danse des mouchoirs, rapide, violente, toute en bonds, très chaste pourtant (les danseurs, sans se toucher, se tenant par le mouchoir), n'a pas cessé de garder la vogue. Elle se danse sur les places publiques, les jours de fête, aux sons du bedon et de la *chirula*, « fluteau de bois percé de trois trous, qui rend, dit M. Louis Labat, des sons vifs et grêles ». Un certain abbé Poussatin, sous Louis XIV, excellait au *mouchico*, et Hamilton, dans ses *Mémoires*, l'appelle « le premier prêtre du monde pour la danse basque ».

Les savants, qui discernent facilement l'ascendance latine de la *chirula* et du galoubet, nés tous deux de la *tibia*, sont plus divisés sur les origines du tambourin. Il est certain que cet instrument fut en usage dans nos armées à partir du xive siècle. Du moins le tambourin des Suisses ressemble-t-il singulièrement au tambourin provençal, caisse étroite et légère que l'exécutant porte suspendue à son bras gauche, tandis qu'il la frappe de la droite avec une petite baguette.

Il est possible, malgré tout, que le tambourin, tant béarnais que provençal, ne soit pas d'origine militaire. On m'affirme que, bien avant que nos armées connussent cet instrument, donc avant le xive siècle, les jongleurs méridionaux en faisaient usage ; tambourin et galoubet auraient accompagné les « canzones » des troubadours populaires qui couraient les châ-

teaux et les cités du Midi. Je ne demande qu'à le
croire. Il faudrait donc que les tambourins fussent
venus d'Orient à nos Méridionaux par l'intermédiaire
des Sarrasins. Car, pour ceux-ci, il ne fait point de
doute qu'ils se servaient de cet instrument, aux lieu
et place de trompette, pour cadencer la marche de
leurs fantassins. On sait, d'autre part, combien fut
profonde l'empreinte sarrasinoise sur les populations
de la vallée du Rhône et de la Garonne.

Peu nous chaut, d'ailleurs, que le tambourin vienne
des Suisses ou des Sarrasins. L'important, c'est que
ses batteries et roulements soient encore chers au
peuple. Divisés à son propos, les savants se retrouvent d'accord sur les cabrettes, musettes, binious et
cornemuses, postérité incontestable de l'antique *utri-
cularium* ou *tibia utricularis* des pâtres du Latium. Les
binious sont particuliers à la Bretagne ; ils ne jouent
jamais seuls, mais accompagnés de la bombarde,
sorte de hautbois généralement en buis, quelquefois
en ébène incrusté d'étain ou d'argent, et, si le
biniou sert de tonique, c'est la bombarde qui mène
le branle, tient le premier rôle.

Détail curieux, relevé par Narcisse Quellien : ces
deux instruments, qui sont faits pour jouer et forcés
de vivre ensemble, ne sont pas d'accord du tout ;
ils vont à l'unisson, mais à la distance d'un demi-ton
ou quasi, l'un donnant l'*ut*, l'autre le *si*.

Nos Bretons, par bonheur, ne sont pas à un demi-
ton près ! Grands amateurs de danses, ils font fête à
leurs ménétriers, experts en l'art de mener les *jabadao*, les passe-pieds et les dérobées. Marches et balan-
cés se retrouvent dans ces danses comme dans la
carole et ils se retrouvent également dans la fameuse
bourrée auvergnate. « La bourrée est une danse et

un chant, dit M. Jean Ajalbert; ce sont des airs de
bourrée que joue la cabrette, et souvent le cabretaire
chante les paroles en même temps. »

Cabrette vient évidemment de chèvre (*cabre* ou
chavre en patois). Le gracieux nom, et si expressif!
Vous l'avez peut-être entendue quelquefois, dans
l'arrière-boutique d'un marchand de vins des environs de la Roquette ou de la Bastille, cette cabrette
auvergnate, dont l'outre de peau est habillée de
velours rouge et qui n'a pas sa pareille pour entraî-
ner les danseurs de bourrées. Mme de Sévigné, qui s'y
connaissait, trouvait ces bourrées d'Auvergne « la
plus surprenante chose du monde »; elle ne tarissait
point d'éloges sur la justesse d'oreille et la légèreté
de jarret des danseurs.

Les Auvergnats d'aujourd'hui — *et youp là, la
catarina!* — sont les dignes héritiers des paysans et
des paysannes dont s'enchantait la marquise. Jean
Ajalbert nous décrit joliment ces cabretaires de
Paris, juchés dans une logette, à laquelle ils accé-
dent par une échelle mobile qu'on retire dès qu'ils
sont installés. Les danseurs sont en place aussitôt
que la cabrette se gonfle. Et, dès la première note,
ils partent, courent, glissent, martèlent le plancher
à grands coups de talon, poussent par intervalle des
cris aigus : *You! You!* en faisant claquer leurs doigts.
Chaque bourrée coûte deux sous, que l'associé du
cabretaire recueille au milieu de la danse; mais
on en a pour son argent, comme on dit, et il est
sans exemple qu'un cabretaire ne soit pas allé jusqu'au bout de la dernière mesure...

Il y eut une province, longtemps, qui, sur la foi de
George Sand, passa pour le pays par excellence des
maîtres-sonneurs : le Berry. Au soir tombant, les

notes suraiguës de la cornemuse montaient, concert
agreste, des *traines* et des *charrières*. Et, les jours
de *rapports* (foires), dans les *vigeons* (cabarets) et sur
les places publiques, il faisait beau voir les robustes
gars berriots « en habits tout flambants neufs,
rubans au chapeau et à la boutonnière, les gentes
filles réjouies sous leurs fins *coffions* brodés », danser
la sauteuse et la montagaarde autour de l'estrade
en planches où trônaient les cornemuseux. Hugues
Lapaire a écrit tout un livre délicieux sur les instruments populaires du Berry, la musette et la vielle.
Ce n'est point sa faute sans doute si son livre ressemble par endroits à un nécrologe. Mais il n'est
que trop vrai que les Gadat, les Cadet-Trichot, les
Balonjat, les Rivalet, les Grisol, dit Compagnon de
Nevers, dont l'enseigne, sur la route de Fourcham-
bault, portait cette mention étrange : « Compagnon,
maître-musitien (*sic*) et marchand de sangsues »,
tous les grands maîtres-sonneurs d'autrefois ne sont
plus qu'un souvenir chez nos Berriots. C'est à Paris,
dans l'atelier du sculpteur Baffier, tenant suprême
de la tradition expirante, qu'on peut ouïr les derniers sons de la musette berrichonne...

> Qu'on m'apporte du houx
> Pour y percer trois trous...
> Du houx, du buis ou du sureau
> Avec une peau de chevreau,
> Pour faire une musette, lon la,
> Pour chanter mes amours
> Tout le long de mes jours!

Ainsi chantait Pierre Dupont, à peu près au même
temps où « la bonne dame de Nohant » écrivait ses
Maîtres-Sonneurs. Ironie des choses! C'est dans le

pays même de Joset, de la Fadette et du Champi,
que la musette berrichonne compte le moins de
dévots.

« Il y a encore dans la Vallée-Noire quelques
mauvais sonneurs, confiait mélancoliquement à
Lapaire Maurice Rollinat. Quant aux maîtres,
comme le Joset de George Sand, ils ont complètement disparu. Les abominables crins-crins et clari-
nettes sont en train de supplanter les si poétiques
vielles et cornemuses. L'âme des solitudes n'aura
bientôt plus pour pleurer que le chant perdu des
crapauds. »

Eh quoi! dira-t-on, la vielle aussi? De tous les
instruments dont se servaient les ménétriers d'autrefois, flûtes, violes, rebecs, théorbes, micamons,
tambourins, c'était la vielle qui gardait leur préférence, comme ayant « plus clere vois et doux sons ».
Et l'on sait quel renouveau inattendu, à la fin du
xviii⁰ siècle, lui ouvrit toutes grandes les portes
de Trianon, fit d'elle et du clavecin les délices d'une
société qui préludait par des bergeries à la tragédie
de 93. De la cour et des salons, la vielle descendit
dans la rue avec Fanchon la Vielleuse; nos campagnes lui furent un dernier asile. J'ai connu des
joueurs de vielle en Bretagne, entre autres Pierre
Rondet, dont le souvenir est toujours vivant à
Mégrit; et le père « Zim-Zim » qui se tenait en permanence au coin de la rue Saint-Léonard, à Nantes,
et que la malignité publique accusait de « coucher
sur une paillasse bourrée de billets de banque ».
Il y a peu de temps encore, au bois de Clamart, je
rencontrai un vielleux auvergnat, Marion Bournazot,
né natif de Saint-Laurent-des-Églises par Ambarzac
(Haute-Vienne), qui, seul à l'écart, « tournait la mani-

velle », les yeux perdus dans son rêve. Si grêle,
comme félé, l'antique instrument devait recéler dans
ses flancs un peu de l'âme du pays où il était né. Il
était à sa manière un évocateur. Ne dit-on point qu'à
Nantes, entre deux noyades, Carrier aimait jouer de
la vielle? Si le farouche proconsul s'est quelquefois
humanisé, ce n'a pu être qu'à ces heures-là, tandis
que s'éveillaient au creux de l'instrument les vieux
airs entendus dans son pays d'Aurillac.

Cette même vielle, chez les Savoyards, s'appelait
fanfoni. C'était au temps, déjà lointain, où, costumés
en ramoneurs, les enfants de la rude province
battaient l'estrade en compagnie de leur inévitable
marmotte. Il n'y a plus de ramoneurs ambulants : il
n'y a que des fumistes sédentaires, et Mme Récamier,
qui commença de concevoir des doutes sur sa beauté
le jour où les petits Savoyards ne se détournèrent
plus sur son passage, devrait recourir maintenant à
un critérium moins infaillible.

Mais combien d'autres provinces qui ne se sont
pas montrées plus respectueuses à l'égard de leurs
musiques et de leurs danses traditionnelles! Où
sont les galants joueurs de fifres qui précédaient,
à la grande dukasse de Dunkerque, les mannequins
du bonhomme Reuss et de sa femme Gentille? Où
la *zuarne* enrubannée des *fluteux* morvandiaux? On
dit que les fanfares militaires jouent encore, à
Douai, l'air de danse de Gayant, arrangé en pas
redoublé; mais, à Metz et dans toute la Lorraine,
on ne danse plus les antiques *trimazos* :

> C'est maye, la mi-maye,
> C'est le joli mois de maye
> Aux *trimazos!*

Vernon ne connaît plus les entrechats de la Tête-de-Veau ; Gap le belliqueux *bachuber* ; Cancale et Vitré, la piquante *gigoyette* ; Riez, la *bravade* sarrasine ; Bourg-en-Bresse, le *chibreli*, le *rigodon* et le *branle-carré*, évincés les uns et les autres par l'insipide quadrille et la fastidieuse polka. Évanouies encore, sombrées dans l'oubli, ces danses si pittoresques, tantôt profanes, comme la *poitevine*, dont Louis XI, à Plessis-les-Tours, régalait sa morose vieillesse, la *périgourdine*, la *tresche*, la *villanelle;* tantôt d'origine religieuse et qui nous reportaient en plein paganisme, comme le pas des Brandons et l'étrange sarabande de Saint-Lyphard, avec son simulacre de sacrifice humain sur les rochers du Crugo.

Aussi bien les caroles du XIIe siècle, pour si anciennes soient-elles, ne seraient, d'après certains médiévistes, que « le reflet de plus anciennes danses paysannes ». Et qui sait, au bout du compte, si celles-ci ne viennent pas elles-mêmes des branles sacrés qu'exécutaient, sous la lune, nos aïeux celtes et qu'ils avaient apportés peut-être des plateaux de la Haute-Asie ? « La danse est une prière », dit, chez M. Anatole France, le mage Sembobitis. Ce mage parlait d'or ; mais il ne parlait que de la danse populaire. C'est la seule qui ait gardé de son origine liturgique je ne sais quoi de grave et de frémissant, comme la musique populaire est la seule capable d'éveiller en nous certains sentiments très simples et très primitifs : l'amour du pays natal, l'attachement à la tradition, etc.

En 1870, le préfet du Finistère mobilisa tous les sonneurs de biniou de son département et les envoya au camp de Conlie. Sans le savoir, il reprenait une

disposition du commissaire Dalbarade, lequel, à la
date du 11 juillet 1794, au plein de la Terreur, écrivait à l'amiral Villaret-Joyeuse : « Il convient de
donner aux équipages des « bignoux » et des tambourins pour entretenir la joie parmi eux... » Villaret-Joyeuse s'exécuta-t-il ? On le croit. Toujours est-il
qu'à partir de ce moment les désertions s'arrêtèrent; la nostalgie dont souffraient nos équipages
disparut comme par enchantement...

Et voilà de ces miracles tels qu'on n'en connait
point à l'actif des instruments de musique savante,
— ces aristocrates !

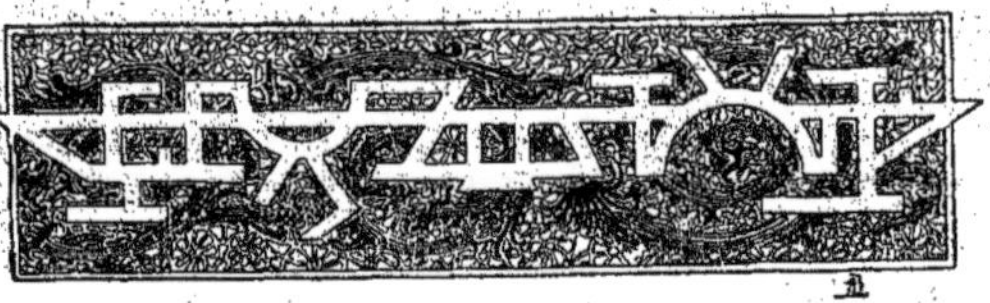

La cérémonie des Noces en Bretagne[1].

Il est peu de pays, je crois, où le mariage prête
à un cérémonial plus compliqué, plus pittoresque
aussi, qu'en Basse-Bretagne. Il y a une cinquantaine d'années surtout, avant que les chemins de fer
n'eussent éventré de toutes parts

> La terre de granit recouverte de chênes,

, on pouvait assister, dans les fermes où se trouvait
une jeune fille à marier, aux scènes de mœurs les
plus inattendues. La demande en mariage ne se faisait point par l'intermédiaire des parents. C'était un
tailleur, homme d'esprit souple et de langue acérée,
qui en était ordinairement chargé. On appelait ce
messager d'amour le *bazvalan*, des deux mots celtiques : *baz*, baguette, et *balan*, genêt, parce qu'il avait
d'habitude pour caducée une branche de genêt fleuri.
On le reconnaissait du premier coup d'œil à cet insi-

1. Voir pour plus de détails sur la cérémonie des noces en Bretagne,
la première série de notre ouvrage : *l'Ame bretonne*, à laquelle nous avons
emprunté certains éléments de ce chapitre.

gne et aussi à ses bas de chausses bi-partites, dont
l'un était rouge et l'autre violet.

Le *bazvalan* commençait par s'assurer de l'assen-
timent de la jeune fille et des parents. Il revenait une
seconde fois à la ferme pour la demande officielle ;
mais il était accompagné cette fois-là du jeune homme
à qui l'on ménageait un tête-à-tête avec la jeune fille.
Leur entretien terminé, les nouveaux accordés s'ap-
prochaient, en se tenant par le petit doigt, de la
table où avaient déjà pris place leurs parents respec
tifs ; on leur apportait une miche de pain frais, un
couteau et un verre. Le même couteau devait leur
servir à couper le pain et ils devaient boire dans le
même verre l'hydromel ou le cidre que leur versait
le *bazvalan*. Après cette sorte de communion prépa-
ratoire, qui s'observe encore à Plougastel ils étaient
regardés comme liés l'un à l'autre : celui des deux qui
se fût dédit eût été l'objet du mépris public.

Entre temps et d'un commun accord, les parents
des nouveaux fiancés avaient fixé la date des noces.
La jeune fille, accompagnée de son garçon d'honneur,
le jeune homme, de sa fille d'honneur, s'étaient ren-
dus de porte en porte pour faire leurs invitations.
Plus on est pauvre en Bretagne, plus on tâche qu'il
y ait d'invités à la noce. C'est que, là bas, les convives ne paient pas seulement leur écot : ils offrent
encore aux mariés les éléments du repas de noce,
beurre, œufs, boudins, *arbelèze*, cuissots de veau, et
la boisson par surcroît. Aucun peuple n'a l'esprit
plus communautaire et n'est en même temps plus
jalousement individualiste. Je ne me charge pas de
vous expliquer cette contradiction. Tant y a que,
grâce aux cadeaux de toutes sortes qui affluent chez
les nouveaux époux, les moins fortunés ont de quoi

UNE NOCE EN BRETAGNE.
D'après un tableau de Leleux.

se mettre en ménage et faire face aux premières
nécessités de leur vie commune. La mutualité bien
entendue produit de ces miracles.

Mais c'est dans les fermes riches de la Cornouaille
que les cérémonies du mariage revêtaient une origi-
nalité et une couleur dont on ne trouverait nulle part
les équivalents. La noce avait toujours lieu à cheval.
Dès la fine pointe de l'aube, au jour marqué, la cour
de la ferme se remplissait d'une joyeuse cavalcade
qui venait chercher la jeune fille et ses parents pour
les conduire à l'église.

« Le fiancé est à leur tête, raconte La Villemarqué,
le garçon d'honneur à ses côtés. A un signal con-
venu, son *bazvalan* descend de cheval, monte les
degrés du perron et déclame à la porte de la future,
sur un thème invariable, mais arbitrairement modulé,
un chant improvisé, auquel doit répondre un autre
chanteur de la maison qui fait près de la jeune fille,
comme le *bazvalan* près du jeune homme, l'office
d'avocat et que l'on nomme *breutaer*. »

Le tournoi des deux rimeurs prend fin par la victoire du *bazvalan*. Le malin personnage est introduit
dans la grande pièce du logis, qui sert tout à la fois
de salon, de réfectoire et de cuisine. Il s'assied un
moment à la table des maîtres, puis retourne dans la
cour chercher le fiancé... Le père de la jeune fille
attend son futur gendre sur le pas de la porte : dès
qu'il paraît, il lui remet une sangle de cheval que le
fiancé devra passer à la ceinture de sa belle. C'est
l'occasion d'un nouvel impromptu rimé pour le *breutaer* : « J'ai vu dans une prairie une jeune cavale
joyeuse, etc., etc. » Le tour du *bazvalan* vient ensuite.
Il prend la jeune fille par le petit doigt et la mène
vers ses parents :

« Allons, jeune fille, lui dit-il, courbez vos deux genoux et baissez le front sous les mains de votre père... Vous pleurez?... Oh! regardez votre père et votre pauvre mère... Eux ils pleurent aussi, mais combien leurs larmes sont plus amères que les vôtres!... Ils vont se séparer de la fille qu'ils ont bercée et fait danser dans leurs bras! Qui ne sentirait son cœur se briser à la vue d'une pareille douleur? Et pourtant il faut que ces pleurs tarissent... Père tendre, ta fille est là, regarde, à genoux, les bras tendus!... Pauvre mère, avance tes mains!... Une prière et une bénédiction pour l'enfant qui va partir! (*Le père et la mère donnent leur bénédiction à la jeune fille.*) Assez maintenant. Vous avez obéi aux commandements de Dieu. Jeune fille, embrasse tes parents et relève-toi forte, car tu appartiens désormais à un homme! »

Les assistants montaient aussitôt à cheval. En tête, sur la même haquenée, s'avançaient le fiancé et sa future, celle-ci avec autant de galons d'argent à ses manches ou de petits miroirs à sa coiffe qu'elle recevait de mille livres de dot. Le rendez-vous général était au bourg voisin, que de longues distances séparaient souvent de la ferme. Mais, avant de pénétrer dans la mairie et à l'église, il restait une dernière formalité à remplir. Précédés du *bazvalan*, le fiancé et sa future se dirigeaient vers le cimetière et, arrivés devant les tombes de leurs parents, ils se mettaient à genoux, tandis que le *bazvalan* récitait à voix haute la formule consacrée :

« Maintenant que les vivants ont consenti au mariage de leur fille, nous venons vers vous, âmes des ancêtres, et nous vous adjurons de nous délivrer aussi votre consentement. Vous voyez tout, et vous savez l'avenir autant que le passé. Accordez-nous la jeune fille que recherche notre ami et, connaissant de quelle affection il vous eût chéries, bonnes âmes, agréez-le pour votre enfant. »

Cette fois il n'y avait plus qu'à passer devant M. le maire et M. le recteur (curé). Ces deux parties du cérémonial n'avaient rien d'extraordinaire. Il paraît cependant qu'en certaines paroisses, quand l'assistance était toute rendue dans la sacristie, le prêtre tirait d'un panier que portait le garçon d'honneur un petit pain blanc sur lequel il faisait le signe de la croix avec la pointe d'un couteau et qu'il partageait entre les deux époux.

La noce sortait enfin de l'église. Bim! Boum! De tous côtés, sur la place du bourg, pétaradaient les coups de fusil; bombardes et binious éclataient en sonorités aiguës. L'assistance remontait à cheval et reprenait le chemin de la ferme. Sur l'aire neuve, dans le courtil et les granges, des tentes étaient dressées, vastes quelquefois à pouvoir loger 1 500 convives. Comment décrire ces banquets de Gamache? Longtemps contenue et d'autant plus exubérante, la gaieté bretonne, comme un cidre pétillant, lâchait sa bonde et giclait au grand soleil. Commencé à midi, le festin ne s'achevait souvent qu'à six heures du soir. Chaque service était annoncé par un air de biniou et de bombarde. Puis, les tables enlevées, jeunes filles et garçons nouaient leurs rondes sur l'aire neuve. Les *jabadao* succédaient aux passe-pieds, les *laridés* aux gavottes. C'est la scène qu'a finement traduite le peintre Leleux dans le tableau dont nous donnons une reproduction. Bien avant dans la nuit, surtout en été, les danses se prolongeaient, et il ne fallait pas moins, pour suspendre l'entrain des cou-

ples, que l'annonce, faite à pleine voix par le *bazvalan*, des préliminaires de la *Soupe au lait*.

Nombre de vieux us matrimoniaux ont disparu,
même en Bretagne, ce Conservatoire par excellence
de la tradition : la coutume de la soupe au lait s'y est
maintenue avec fidélité. Brizeux l'a popularisée dans
une ballade célèbre :

Chantons la soupe blanche, amis, chantons encor
Le lait et son bassin plus jaune que de l'or.

Près du lit des époux chantons la soupe blanche.
La voilà sur le feu qui bout dans son bassin.
Comme les flots de joie et d'amour dans leur sein,
La voilà sur le feu qui déborde et s'épanche.
    Chantons, etc.

Bien ! Le lait jusqu'aux bords dans les écuelles fume :
Dans un seul vase offrons leur part aux deux époux,
Pour qu'ils boivent toujours ainsi que ce lait doux
Dans un vase commun le miel et l'amertume.
    Chantons, etc.

Admirez ! admirez ! De ses larges mamelles
La génisse féconde a donné ce lait blanc.
Ainsi la jeune mère, avant la fin de l'an,
Versera son lait pur à deux bouches jumelles.
    Chantons, etc.

Saint Herbod, écoutez les appels de notre âme,
Et vous, sainte Enora, les vœux de notre cœur :
Oh ! ne laissez jamais sans la douce liqueur
Les pis de la génisse et les seins de la femme.
    Chantons, etc.

Assez ! Les mariés ont bu la soupe blanche.
L'épouse rougissante est pleine d'embarras.
Elle voudrait cacher sa tête sous son bras.
L'époux attire à lui cette fleur qui se penche.

Chantons la soupe blanche, amis, chantons encor
Le lait et son bassin plus jaune que de l'or.

Ce que ne dit point le poète, c'est le mélange de
sérieux et de gaieté qui accompagne cette petite
scène : les nouveaux mariés sont assis sur un banc,
quelquefois même couchés dans leurs lits clos à
volets mobiles. Le garçon et la fille d'honneur leur
apportent sur un plateau le bassin qui contient la
soupe; mais les cuillers sont percées; les morceaux
de pain sont liés par un fil invisible. Le lait fuit de
tous côtés, tandis qu'aux éclats de rire de l'assistance, les mariés font leurs efforts pour en attraper
quelques gouttes. De guerre lasse, ils laissent tomber
la cuiller.

C'est le moment que guettent les garçons et les
filles d'honneur pour entonner la chanson de la soupe
au lait. Il y a plusieurs variantes de cette chanson.
Celle qu'on chante sur le littoral trégorrois est particulièrement gravé et mélancolique. Je ne puis en
donner ici qu'un court fragment. L'auteur anonyme
de cette émouvante composition y a fait tenir tout le
drame de la vie bretonne; il ne flatte pas les nouveaux époux; il leur peint le mariage sous des couleurs plutôt sévères.

« Aimez-vous bien l'un l'autre, dit-il en terminant.
Gardez l'un pour l'autre une étroite fidélité; élevez
vos enfants dans la crainte de Dieu. — Par ainsi,
chrétiens, quand l'heure de la mort sonnera pour
vous, votre séparation ne sera point éternelle, et
Dieu vous donnera la joie de vous retrouver dans son
paradis. »

La première journée des noces est terminée. La
seconde est d'un caractère tout différent. Elle

LE JOUEUR DE BINIOU.

commence par un service funèbre auquel assistent tous les invités de la veille : les morts ne sont jamais oubliés en Bretagne. Mais il y a une autre catégorie de malheureux pour qui ce jour est un jour de liesse; ce sont les pauvres, ces *hôtes de Dieu*, comme les appelle une expression bretonne. Pareils à un volier de moineaux pillards, ils s'abattent sur la ferme des quatre aires du vent. Tous les éclopés de la création sont réunis là; on dirait une nouvelle Cour des miracles.

« Revêtus de leurs haillons les plus propres, dit La Villemarqué, ils mangent les restes du festin de la veille; la nouvelle mariée, la jupe retroussée, sert elle-même les femmes, et son mari les hommes. Au second service, celui-ci offre le bras à la mendiante la plus respectable; la jeune femme donne le sien au mendiant le plus considéré de l'assemblée, et ils vont danser avec eux dans la cour. Il faut voir de quel air se trémoussent ces pauvres gens! Les uns sont nu-pieds; les « merveilleux » portent des sabots; il y en a nu-tête; d'autres ont des chapeaux tellement percés que leurs cheveux s'échappent par les crevasses; tous les haillons volent au vent; mainte ouverture trahit la misère, mais laisse voir battre le cœur; les pieds s'agitent dans la fange, mais l'âme est dans le ciel. »

La nuit venue, les pauvres, avant de quitter la ferme, adressent aux nouveaux époux leurs souhaits de prospérité. Le plus âgé de la bande se place ensuite au milieu de l'aire, s'agenouille et récite un *De profundis* pour les trépassés. Cette fois tout est fini. Le *De profundis* achevé, les pauvres se relèvent et s'en vont; mais leur lèvres reconnaissantes balbutient encore de sourdes prières.

« Le murmure monotone de leurs voix, dit un poète, se fait entendre quelque temps au dehors et meurt insensiblement dans les bois, tandis que les époux, dont ils ont sanctifié l'union par leur présence, commencent une vie nouvelle sous les auspices de la charité. »

La Fête des Morts.

C'est l'automne. Les dernières feuilles tombent;
une bise aigre balaie les rues, siffle aux carrefours.
Plus d'hirondelles ! Aux encoignures des restaurants
et des cafés populaires, le « chand de marrons »
établit son fourneau en plein vent ; les « biquots »,
cependant, font retraite vers leurs vallées natales.
Jusqu'au printemps prochain, nous n'entendrons
plus leur *pilouit* et leur musette ; nous ne les verrons
plus, le béret sur l'oreille, pousser leurs troupeaux
de chèvres, au petit jour, à travers les rues de la
capitale. Originaires du pays basque, ils restent
fidèles à leurs Pyrénées et à leurs gaves. Ce sont,
comme les hirondelles, des migrateurs, des tempo-
raires. Quelques-uns pourtant, si l'on en croit un
de leurs historiens, préfèrent hiverner à Paris, dans
une étable bien chaude, où bêtes et gens fraternisent.
Mais ils sont l'exception ; le gros des migrateurs
reprend, chaque automne, le chemin du pays...

Autre signe de l'hiver qui vient : la violette de
Parme a fait son apparition aux Halles. Elle nous
arrive de Cannes, de Nice, de Menton, où sa culture
occupe plusieurs centaines d'hectares. Il y a belle
lurette que nos violettes parisiennes sont fanées : là-
bas, dans les régions aimées du soleil, la jolie fleur
chantée par Henri Heine et dont l'impératrice Éli-
sabeth portait en tout temps un bouquet à son corsage ne connaît ni été ni hiver ; elle fleurit à toutes
les époques ; on en fait des expéditions considé-
rables sur Paris, sur l'Allemagne, sur l'Angleterre
principalement, qui nourrit pour la violette une pré-
dilection voisine du culte et que n'est pas près de
connaître la coûteuse et fastueuse orchidée, fleur
de millionnaires interdite aux bourses des petites
girles londonniennes...

Et, enfin, voici les chrysanthèmes ! Ah ! ceux-là,
plus que toutes les autres fleurs, ils sentent la Toussaint, l'hiver, le déclin et la mort des choses. Les
botanistes expliquent que le nom de « chrysanthème »
est dû à la couleur caractéristique jaune doré que
présente le type primitif de cette fleur. Aujourd'hui,
grâce à des sélections plus ou moins heureuses,
nous possédons des chrysanthèmes où toutes les
couleurs se marient, à l'exception justement du jaune
d'or. Il y a, dit-on, deux cents variétés de violettes ;
il y en a peut-être quatre ou cinq cents de chrysanthèmes ; groupes et sous-groupes, un profane comme
moi s'y perd. Puis quels noms rébarbatifs ! Passe
pour le chrysanthème pompon ou le chrysanthème
hybride ; mais que dire du chrysanthème matricari-
oïforme, et n'est-il pas épouvantable de penser qu'on
inflige de pareils noms à cette chose délicate, semi-
ailée, à cette cassolette vivante qu'est une fleur ?

Le chrysanthème, depuis 1876, est promu à la dignité d'ordre impérial. C'est l'empereur Mutsuhito qui a fondé cet ordre, peu répandu, à vrai dire, et conféré seulement aux princes et aux chefs d'État : le ruban en est rouge, liséré de violet; la décoration elle-même, par ses capitules et ses rayons, évoque assez bien l'image de la fleur nationale des Nippons.

Chez nous, le chrysanthème ne pouvait aspirer à un destin si glorieux. Plante d'ornement, il est devenu néanmoins, avec l'immortelle, la fleur du souvenir. On le préfère même, pour cette destination, à l'immortelle, qui reste seulement employée pour la confection des couronnes funéraires. Tout le long de la rue de la Roquette, qui est l'artère principale menant au Père-Lachaise, vous ne verrez, ces jours-ci, que bouquets de chrysanthèmes. Les fleurs, comme les livres, ont leur destin. Jusqu'en 1815, l'*helicrysum orientale* ou immortelle jaune était à peu près inconnu en France. Originaire de la Crète et de Rhodes, il fut importé chez nous sous la Restauration, et la Provence en monopolisa quelque temps la culture industrielle. Tout de suite, sa faveur fut grande; son nom, plus que sa couleur, lui valut de symboliser la pérennité du souvenir que nous gardons à nos morts. Il y a, sans doute, d'autres immortelles que l'*helichrysum orientale* ou immortelle jaune. Telles sont l'immortelle de la Malmaison ou *helichrysum bracteatum*, l'immortelle blanche ou *antennaria margaritacea*, l'immortelle des Alpes, plus connue sous le nom d'edelveiss... Après trois quarts de siècle d'une faveur sans partage, l'immortelle est à peu près détrônée aujourd'hui dans la sympathie publique par le chrysanthème. Mais combien d'années durera la vogue de celui-ci? Vienne quelque autre plante

exotique, dont l'acclimatation ne sera pas trop diffi-
cile ni la culture trop coûteuse, et le chrysanthème,
comme l'immortelle, verra se détourner de lui ses
anciens adorateurs...

Le culte des morts est aussi ancien que la race
humaine. Si haut qu'on remonte dans l'histoire, on
le trouve déjà établi au cœur de l'homme : bien avant
qu'il y eût des philosophes, les générations primitives du globe envisageaient la mort non comme une
dissolution de l'être, mais comme un simple changement d'existence.

Sans doute, ces générations primitives ne croyaient
pas que l'âme se dégageait de sa dépouille charnelle
pour entrer dans une demeure céleste ; elles ne
croyaient pas davantage qu'après s'être échappée
d'un corps elle allait en ranimer un autre. Elles
croyaient que l'âme du mort restait dans le voisinage
des vivants et poursuivait à côté d'eux une existence
souterraine et mystérieuse. Et c'est pourquoi, à la
fin de la cérémonie funèbre, elles l'appelaient trois
fois par son nom, trois fois lui souhaitaient de se
bien porter, trois fois ajoutaient : « Que la terre te
soit légère ! » L'expression a passé jusqu'à nous,
comme aussi la coutume du *Ci-gît* ou du *Ici repose*
qu'on inscrivait sur les monuments funéraires et que
nous continuons d'inscrire sur les tombes de nos
morts.

Cette croyance dans un prolongement souterrain
de la vie a reçu des rationalistes diverses explications. Et les meilleures, s'il faut dire, ne sont
guère satisfaisantes. C'est ainsi que, d'après Herbert
Spencer, l'ombre mouvante des objets, l'image
humaine réfléchie par les eaux, surtout les fantômes
évoqués dans le rêve et l'hallucination durent sug-

AU PÈRE-LACHAISE.

Monument aux morts, exécuté par M. Bartholomé pour la sculpture et par M. Formigé pour l'architecture, installé en 1898.

gérer aux premiers hommes la conception d'un
« double », d'un corps subtil, plus ou moins séparable
du corps mortel, d'un simulacre survivant à la mort
et auquel on donna postérieurement le nom d'âme.
De cette croyance primitive serait dérivée la nécessité
de la sépulture. Pour que l'âme se fixât dans sa nouvelle demeure, il fallait que le corps, auquel elle
restait attachée, fût recouvert de terre. L'âme qui
n'avait pas son tombeau n'avait pas de domicile. Elle
était errante et misérable, et c'est elle qui, pour
punir les vivants de ne pas lui avoir donné le repos
auquel elle aspirait, les effrayait par des apparitions
lugubres.

Mais la sépulture ne suffisait point. Et les morts
avaient encore d'autres exigences. Si près des vivants,
ils ne voulaient pas être oubliés d'eux; ils requé-
raient des hommages, des soins particuliers. Volon-
taires d'abord, ces soins devinrent rapidement obli-
gatoires, prirent la forme de rites. Ainsi se serait
établi le culte des morts.

Il y avait un jour de l'année surtout qui était
consacré chez les anciens à ce culte. Chez les Latins,
les fêtes dont on les honorait ce jour-là étaient
appelées *feralia*. Elles se passaient comme les nôtres
en plein air. Les sanctuaires étaient fermés en effet
pendant les *feralia*; toute cérémonie était suspendue;
il semblait qu'il n'y eût plus d'autres dieux que les
mânes des défunts présents sous terre. Aussi leurs
tombes étaient-elles le rendez-vous de toute la population des campagnes et des villes. On les jonchait de
fleurs et de couronnes; on y joignait des épis, quelques grains de sel, du pain trempé dans du vin pur.
Le reste de la journée s'écoulait en prières et en
commémorations.

On voit que notre fête des trépassés ressemble singulièrement aux *feralia* des Latins. Et, de même, nous leur avons emprunté la fête qui précède le jour des morts et que nous appelons La Toussaint. Dans l'ancienne Rome, cependant, cette fête, qui s'appelait les *caristia*, suivait le jour des Morts au lieu de le précéder.

Ovide nous a laissé une description charmante des *caristia* :

« Après la visite aux tombeaux et aux proches qui ne sont plus, dit-il, il est doux de se tourner vers les vivants; après tant de pertes, il est doux de voir ce qui reste de notre sang et les progrès de notre descendance. Venez donc, cœurs innocents; mais loin, bien loin, le frère perfide, la mère cruelle à ses enfants, la marâtre qui hait sa bru, et ce fils qui calcule les jours de ses parents obstinés à vivre! Loin, celui dont le crime accroît la richesse et celle qui donne au laboureur des semences brûlées! Maintenant, offrez l'encens aux mânes de la famille; mettez à part sur le plateau des mets arrosés de libations, et que ce gage de piété reconnaissante nourrisse les lares qui résident dans l'enceinte de la maison! »

Ce nom de lares, que portaient les mânes considérés comme protecteurs de la famille, de la maison, du domaine, de la tribu et de la cité, paraît avoir signifié maître ou chef. On voulait marquer ainsi que les ancêtres, même disparus, gardaient encore une autorité morale sur les foyers qu'ils avaient fondés. Ils étaient représentés dans l'*atrium* sous forme d'images de cire ou de statues de bois.

Ce n'étaient point là de vains simulacres, puisque,

à certains jours de l'année au moins, les âmes des défunts quittaient leur sépulture et revenaient dans les maisons où elles avaient habité de leur vivant. La même croyance est répandue encore aujourd'hui chez les Bretons. La croyance à une sorte de survie matérielle et souterraine est également manifeste chez eux à certains traits : on voit encore, sur les anciennes tombes bretonnes, des trous en forme de calices et de buires qui servaient aux libations de laitage et de vin. A Collorec, en Cornouaille, une écuelle est placée près de chaque tombe, — l'écuelle même, dit M. Le Braz, où le défunt avait coutume de manger sa soupe quand il était de ce monde.

Ne rions point de ces lointaines survivances et quand elles témoigneraient d'un esprit singulièrement archaïque. « C'est peut-être à la vue de la mort, dit magnifiquement Fustel de Coulanges, que l'homme a eu pour la première fois l'idée du surnaturel et qu'il a voulu espérer au delà de ce qu'il voyait. La mort fut le premier mystère ; elle mit l'homme sur la voie des autres mystères ; elle éleva sa pensée du visible à l'invisible, du passager à l'éternel, de l'humain au divin... »

A quelques détails près, d'ailleurs, on peut dire que les rites de la fête des Morts sont les mêmes dans toute la chrétienté : en Islande comme à Cadix, à Vladivostock comme à Brest, c'est partout, ce jour-là, les mêmes théories funèbres, le même défilé recueilli de pèlerins se rendant au champ du repos avec des couronnes et des prières. Paris ne fait pas exception à la règle. Témoin la foule qui se presse dans ses cimetières et particulièrement au Père-Lachaise, le plus grand cimetière peut-être du

monde et où reposent à cette heure plus d'un million de défunts. Le Père-Lachaise a eu son historien récemment en M. Fraigneau. Et c'est qu'il a
vraiment une histoire. Bien d'église à l'origine,
connu sous le nom de Champ-Lévêque et appartenant
au chapitre de la cathédrale de Paris, il est acheté
par les Jésuites de la rue Saint-Antoine en 1626 et
prend le nom de Mont-Louis sous Louis XIV, qui y
fait construire une résidence somptueuse pour son
confesseur, le Père François Lachaise. D'où le nom
de « Terres du Père-Lachaise » donné au domaine et
qui a prévalu jusqu'à nos jours. Sous la Convention,
on songe à faire de ces terres, confisquées par l'État,
un lieu de sépulture. Mais les événements ne permet-
tent pas d'exécuter le projet. Napoléon Ier le reprend ;
il confie à l'architecte Brongniard le soin d'opérer
les transformations nécessaires et, le 21 mai 1804,
Frochot, préfet de la Seine, procède à l'ouverture de
la nouvelle nécropole, appelée officiellement cimetière de l'Est.

Agrandie d'année en année, cette nécropole couvre
aujourd'hui un énorme espace. Elle a ses rues et ses
avenues comme une véritable cité, et on l'appelle en
effet la Cité des Morts. Pour vaste qu'elle soit cependant, on estime que, dans une vingtaine d'années
au plus, il ne restera pas un seul pouce de terrain
à céder dans cette cité funèbre, qui renferme à l'heure
actuelle 80 500 tombes. Ajoutons, pour les amateurs
de statistiques, que ces 80 500 tombes représentent,
d'après les évaluations de M. Fraigneau, une somme
de plus de 400 millions « dépensés par les générations qui s'y sont succédé depuis un siècle ». Le prix
du terrain atteint de nos jours, au Père-Lachaise,
un chiffre rarement dépassé dans les quartiers les

plus luxueux de Paris. Le premier et le deuxième mètres carrés s'y vendent chacun 1050 francs; le troisième ainsi que le quatrième 1575 francs; le cinquième et le sixième 2100 francs. Enfin, quand cette limite est excédée, chaque nouveau mètre de concession est taxé à 3150 francs. En appliquant cette règle d'évaluation à l'espace occupé par des monuments comme celui de Casimir-Perier ou celui de Thiers, les plus vastes du Père-Lachaise, on trouve que le premier vaudrait aujourd'hui 600000 francs, le second 120 000 francs.

On ne dort pas son sommeil *gratis pro Deo* dans la grande nécropole parisienne. Mais le prix du terrain n'est pas beaucoup moins élevé au cimetière Montmartre ou au cimetière Montparnasse. Ce pourquoi le commun des trépassés se dirige de plus en plus vers les cimetières suburbains, Pantin, Billancourt et Bagneux notamment. Qui n'a pas vu, le 1er et le 2 novembre, ces cimetières parisiens, ne peut savoir à quel point le culte des morts est demeuré vivace au cœur de la foule. Une fois dans l'année, la terrible égalité du sépulcre abolit toutes les distinctions sociales. La mondaine gantée de noir prie à côté de l'ouvrier en bourgeron; une pensée commune les rapproche pour un moment; l'homme oublie ses haines, la mondaine ses préjugés. C'est la trève universelle du Souvenir.

Aussi ne sont-ce point les scènes touchantes ou dramatiques qui manquent à l'observateur quand il se rend avec la foule dans un de ces cimetières parisiens, grands comme des villes, profonds comme des forêts, et qui gardent cependant, par un singulier privilège, on ne sait quel charme passionnant d'intimité. M. Jules Claretie a raconté quelque part l'impression inoubliable que lui fit, dans un de ces cimetières, la rencontre d'une tombe de jeune fille que le fiancé de la pauvre enfant avait, pour le jour des Morts, transformée en un bouquet immense. Des fleurs partout. Partout des roses, des roses d'une blancheur, d'une candeur éblouissante. C'était comme une symphonie en blanc majeur, comme une explosion de lumière blanche. Il semblait qu'il eût neigé sur cette tombe de vierge. L'hermine a plus de taches que n'en avaient ces pétales immaculés. Une couronne embaumée enveloppait, comme d'un nimbe, le nom de la jeune morte : *Marie*, et portait ces mots tracés, avec des violettes du pôle, sur les roses blanches : *A ma fiancée!* Par un sentiment d'une exquise délicatesse, à côté de la date de la mort, le fiancé avait fait graver la date du jour où devait avoir lieu le mariage. Il s'en fallait de quelques heures à peine que la « promise » ne fût devenue l'épouse, et le blanc bouquet de fleurs d'oranger, déjà commandé et tout prêt, était là, sur ce tombeau, mais changé en bouquet funèbre...

Moi-même, le hasard m'a fait assister dans le cimetière de Sainte-Geneviève-des-Bois, en Seine-et-Oise, à une scène moins poétique peut-être, mais à coup sûr aussi dramatique que celle rapportée par M. Jules Claretie.

Comme j'errais dans les allées, je vis venir des jeunes gens et des jeunes filles qui, avec des couronnes nouées de rubans tricolores, se dirigeaient vers une tombe ombragée du feuillage languissant des saules. Je les suivis, un peu intrigué; une croix

en granit surmontait la tombe devant laquelle ils
s'arrêtèrent et qui portait cette double inscription :

ANDRÉ DELORME
MORT POUR LA PATRIE
1870

JEANNE BERNIER
TUÉE PAR L'ENNEMI
1870

Le cortège entoura la tombe et y suspendit ses
couronnes. La cérémonie qui se déroulait sous mes
yeux avait évidemment un caractère patriotique ; mais
la jeunesse des manifestants, l'association de ce nom
d'homme et de femme sur le fût du monument,
m'inclinaient à penser que le patriotisme n'était pas
seul en jeu.

Un des assistants, qui vit mon embarras, voulut
bien me donner quelques explications, et voici ce
qu'il me raconta :

« André Delorme et Jeanne Bernier étaient fiancés
quand éclata la guerre. André avait dix-neuf ans ;
Jeanne dix-sept. Dès nos premiers revers, André
s'engagea dans un régiment de marche et fit coura-
geusement son devoir. Sur ces entrefaites, les
Prussiens, qui étaient entrés à Montlhéry, établirent
un campement entre Sainte-Geneviève et Fleury...
Un soir, vers neuf heures, un jeune fantassin se
traînait péniblement à travers bois, par des sentiers
seulement connus des habitants du pays. C'était
André, qui, quoique grièvement blessé à Choisy-le-
Roi, n'avait pu résister au désir de revoir sa fiancée.
Le jeune soldat n'était plus qu'à quelques pas de la
maison de Jeanne. Il allait entrer, quand, par les
carreaux, il aperçut la jeune fille qui se débattait aux

bras d'un officier prussien. Fou de rage, il tira son révolver, fit feu et tua l'officier. Au bruit de la détonation, une douzaine de « casques à pointe » accoururent, s'emparèrent d'André, le ligottèrent et, sans plus de formalité, le collèrent au mur. On a recueilli ses dernières paroles : « Frappez-moi, dit le jeune homme à ses bourreaux. Je meurs pour la patrie et pour ma fiancée... » La crépitation des mausers étouffa sa voix. On croyait ne relever qu'un cadavre ; mais, au moment où la fusillade éclatait, Jeanne Bernier s'était élancée pour couvrir André Delorme et, à travers la fumée, on vit deux corps enlacés rouler à terre. Depuis cette époque, la tombe où ils dorment côte à côte est en grande vénération chez les jeunes gens du pays et, le 2 novembre de chaque année, les fiancés et les conscrits viennent y suspendre des couronnes... »

Le caractère dramatique de cette cérémonie est particulier à Sainte-Geneviève-des-Bois. Le culte des morts, en ce jour de l'année déclinante qui leur est plus spécialement consacré, ne laisse pas d'avoir cependant, un peu partout, des conséquences assez inattendues. Dans combien de ménages parisiens, par exemple, demande M. Hugues Le Roux, le dialogue suivant ne s'engage-t-il pas, le matin du 3 novembre, entre Madame et la cuisinière :

« Eh bien, Marie, avez-vous fait un bon marché ?

— Ah ! oui, Madame, vous pouvez le dire, un joli marché ! Je ne rapporte pas de poisson...

— Comment pas de poisson ?

— On ne peut pas s'en procurer. Les poissardes disent que c'est comme cela tous les ans le 2 novembre... A cause du « coup de vent des morts ».

— Le coup de vent des morts ?... »

Madame demeure bouche bée. C'est pourtant sa cuisinière qui a raison. Vous pouvez prendre le train, ce jour-là, pour n'importe quelle plage de la Manche, de l'Océan ou de la Méditerranée : de Dunkerque à l'embouchure de la Bidassoa et du cap Cerbère à Menton, vous ne verrez pas une voile de pêcheur sur la mer.

Devant l'église, sur les estacades, à l'intérieur des cabarets ou d'un de ces *Abris du Marin* fondés par M. de Thézac et qui rendent tant de services à nos populations maritimes, les hommes sont assis, la pipe aux dents, leur bonnet de laine sur l'oreille, les bottes et la vareuse sèche. Ils ne se fient pas à l'accalmie qui suit la tempête. Ils savent à quoi s'en tenir sur ces invites du flot. S'ils y cédaient, ils ne tarderaient pas à voir remonter du large ces théories de noyés dont parle le poète, « hâves, un cierge au poing, le front dans des cagoules », qui tournent autour des barques en réclamant la sépulture d'une voix lamentable. Deux fois dans l'année, le 2 novembre et le 25 décembre, au jour des Morts et à Noël, les *crierien* émergent de l'abîme et se rendent en procession vers les villes englouties du littoral, cette Tolente ou cette Is merveilleuse que frappa la colère divine. D'immenses cathédrales, aux cintres lumineux, étincellent sous les eaux. Is seule en comptait trente. Le bruit des cloches qu'on entend au large dans la nuit du 1ᵉʳ au 2 novembre vient de ces églises sous-marines où officient, devant le peuple des noyés, les « évêques de la mer ». Singuliers prélats, par parenthèse, mitrés, chapés et crossés, mais dont la croupe se recourbe en queue de poisson ! Une légende veut qu'ils soient commis à la garde d'un des trois vêtements de sainte Véronique, le linge même où s'imprima, sur la route du calvaire, la face auguste de Notre Seigneur et dont le voile conservé au Vatican ne serait qu'une réplique...

Est-ce pour commémorer le souvenir de ces infortunées victimes de la mer et rappeler aux vivants combien ils pèsent peu dans la main de l'Éternel ? Toujours est-il que jusqu'en ces dernières années encore, sur le littoral breton et notamment à l'île de Sein, la vigile des Morts prêtait à un usage singulier : le *tro ann anaoun* ou « tour des âmes », dont j'ai parlé dans mon livre *Sur la côte*.

Le matin de la Toussaint, au prône de la première messe, M. le « recteur » (curé) désignait en chaire huit hommes de la paroisse chargés de tenir le rôle d'*anaoun*. Une quête à domicile était faite dans la journée par leurs soins. La nuit venue, après les trois Nocturnes des morts, quatre d'entre eux rentraient à l'église pour sonner le glas qui ne cessait plus de tinter. Les quatre autres, avec des clochettes, faisaient le tour du village. Ils s'arrêtaient devant toutes les maisons et, de préférence, devant celles où il y avait eu des morts pendant l'année. Leur mélopée frissonnante s'élevait alors dans la nuit :

> *Christenien, divunet,*
> *Da pedi Doue gan ann anaoun tremenet,*
> *Da lavarat eur pater hag eun ave :*
> *Requiescant in pace !*

« Chrétiens, éveillez-vous; priez Dieu pour les âmes des défunts. Et dites à leur intention un *pater* et un *ave* ». De l'intérieur, des voix répondaient : *Amen...* Cette lugubre procession ne se terminait qu'au petit jour.

La coutume des quêtes, au jour des Morts, n'est

du reste pas spéciale à la Bretagne. On la retrouve
en Italie, où le peuple, dans la voix du glas, croit
entendre la voix même des trépassés :

> *Padre, madre,*
> *Fratre, sorelle,*
> *Apportate mi*
> *Qualche cosa !*

« Mon père, ma mère, ma sœur, mon frère, appor-
tez-moi quelque chose. »

De fait, il y a ce jour-là, dans les églises, une
telle abondance de dons et d'offrandes que l'intérieur en ressemble plutôt à une halle qu'à un lieu de
prière. Tous ces présents sont en nature ; le clergé
les revend aux enchères et l'argent sert à payer des
messes pour les âmes du Purgatoire.

En certaines contrées, il est vrai, le sentiment
populaire, si touchant, qui fait participer les défunts,
pendant un jour de l'année, à la nourriture des
vivants, s'est gâté insensiblement et a fini par dégé-
nérer en une façon de parodie.

A Bruges, par exemple, on pétrissait autrefois
dans chaque ménage, le jour des Morts, des galettes
spéciales nommées *pankœken*, qu'on faisait bénir à
l'église, puis qu'on répartissait entre tous les membres de la communauté. Chaque galette dévotement croquée rachetait une âme. Aujourd'hui, le
pankœken ne se mange plus en famille. Mais, par une
déviation singulière de l'usage, on en fabrique
encore dans certains restaurants et cabarets populaires, où les meurt-de-faim de la localité, ravis de
l'aubaine, se tiennent en permanence pendant toute
la journée du 2 novembre et, moyennant une petite
rémunération et quelques chopes supplémentaires,
se chargent d'engloutir autant de galettes funèbres

qu'on veut bien leur en offrir. Le peuple croit, en effet, que le *pankœken* peut être mangé par n'importe qui et que, pourvu qu'on le mange à l'intention d'un défunt bien déterminé, l'acte conserve toute son efficacité...

Si la croyance populaire dit vrai, c'est bien la première fois, entre nous, qu'une indigestion aura passé pour méritoire aux yeux de l'Éternel.

Noëls de France.

« Au gui nouveau! Au gui fleuri! »

Voilà qu'il retentit une fois de plus à nos oreilles, l'appel des vendeurs ambulants de *mistletoe*. Pendues à un gros bâton de frêne ou de bouleau, les jolies touffes vertes du *viscum album* balancent au pas du marchand les fines opales de leurs baies. Noël est proche.

« Au gui nouveau! Au gui fleuri! »

Et c'est un peu de l'âme de la forêt, un peu aussi de l'âme du Passé, qui revit dans ce naïf appel du petit détaillant. Ainsi nos aïeux, jadis, s'en allaient par les rues criant l'antique *Aguilané*, corruption probable d'*Eguiñaned* (le blé germe) ou, suivant d'autres, d'*Acquit l'an neuf*, dont le sens est plus aisé à entendre. Le gui parisien nous arrive de Meudon, de Chaville, de Verrières : il appartient à qui veut le cueillir. Les errants du pavé le savent et, confiants dans la tolérance de l'administration domaniale, ils se font une ressource, décembre venu, de la cueillette du joli végétal.

On vend bien du gui, pendant la semaine de Noël et du Jour de l'An, au pavillon des Halles ; mais ce n'est plus là du gui parisien. Importé par chemin de fer, il arrive de Normandie et de Bretagne ; il n'a point poussé sur les peupliers, comme le gui parisien, mais sur les pommiers, dont il est pourtant un dangereux parasite. Vainement, nos professeurs d'agriculture mettent-ils en garde contre ses ravages les cultivateurs normands et bretons : le gui s'obstine ; et il est vrai que les bénéfices de sa cueillette compensent largement le mal qu'il fait aux arbres. Ce n'est pas seulement sur Paris qu'on l'expédie : l'Angleterre en fait une consommation prodigieuse. De Granville et de Saint-Malo partent chaque hiver, à destination de Southampton et de Londres, des chargements complets de gui : 90 000 kilos pour Granville, davantage encore pour Saint-Malo, qui tient la tête de l'exportation. Cargaisons féeriques ! Voiliers et steamers de rêve ! On comprend qu'ils aient tenté les poètes, et l'on chanterait volontiers avec l'un deux, Charles Frémine, ces flottilles odorantes et fleuries,

> Qui s'en vont dans le mystère,
> Dans le brouillard et les frimas,
> Porter aux Normands d'Angleterre
> La parure de leur Christmas...

Le gui a, du reste, un concurrent redoutable dans un autre végétal d'hiver, auquel on l'associe de plus en plus dans la décoration des frairies noélesques : je veux parler du houx.

Cette iliacée n'a pas d'histoire ; elle ne joue pas, comme le gui, un rôle important dans nos traditions

L'OFFICE DE NOEL, AU MOYEN AGE.

nationales. Les druides ne la coupaient pas, avec une faucille d'or, la sixième nuit du solstice d'hiver, la « nuit mère », et les eubages ne la recevaient pas dans un drap de lin d'une blancheur immaculée. Mais le houx, si son passé manque de lustre, n'en est pas moins un fort aimable arbrisseau, dont les feuilles d'un vert sombre, lisses et comme vernissées, surtout les baies d'un rouge vif, font un contraste à souhait pour les yeux avec le pâle feuillage et les baies laiteuses du gui.

C'est cette opposition, vraisemblablement, qui a déterminé sa vogue. Sur les 175 espèces de houx connues, une seule habite la France, l'*ilex aquifolium*, au tronc droit, chargé de feuilles épineuses et persistantes, qui s'accommode des terrains les plus ingrats. Il vit en liberté dans nos forêts, où il atteint quelquefois huit et dix mètres de haut; mais on le cultive aussi en buisson dans nos jardins. Ses applications sont fort variées : de sa seconde écorce, on tire la glu; l'ébénisterie recherche son bois, qui prend au polissage la teinte de l'ébène; avec ses jeunes rameaux, souples et résistants à la fois, on fabrique des manches de fouets et des houssines; enfin, avec ses feuilles, que l'ancienne médecine utilisait comme fébrifuge, on obtient des sparadraps très adhésifs.

Mais c'est surtout comme plante ornementale que le houx est apprécié. D'où vient celui qu'on vend dans nos rues aux alentours de la Saint-Sylvestre? Un peu de toutes les régions, des forêts du Morvan et de Bretagne, des boqueteaux normands, du Jura, des Vosges, même de la banlieue parisienne. Les Halles en reçoivent chaque matin de pleins chargements, que se disputent les petits détaillants du pavé. Je causais certain jour, dans la rue Montmartre, avec

LE GUI.

une brave femme dont l'éventaire roulant était ainsi tout pavoisé de houx sombre aux éclatantes baies corallines.

« Une belle botte, monsieur, toute fraîche et toute fleurie !...

— Combien ?

— Deux francs. »

C'était un peu cher ; mais mon interlocutrice m'expliqua que Noël était proche, qui déterminait annuellement une hausse considérable de ce joli végétal.

« Nous l'achetons nous-mêmes en gros, sur le carreau des Halles, 1 fr. 25, 1 fr. 50 la botte... Et il y a les déchets, les baies qui se détachent, les feuilles qui perdent leur vernis... Après l'Épiphanie, monsieur, je vous donnerai la même botte pour quinze sous. »

Mais le gui, le houx, ne sont pas les seules plantes noélesques. Comment oublier encore le sapin ? Il a toutes les dimensions, ce sapin de Noël : il est tantôt un géant et tantôt un nain ; il tient dans un petit pot grand comme le pouce et, d'autres fois, il pourrait abriter toute une famille à son ombre. Mais, énorme ou minuscule, artificiel ou naturel, il porte toujours les mêmes fruits étranges : des joujoux, des sucreries, des oranges, des gâteaux, et il est tout illuminé par des cordons de lanternes vénitiennes.

Là où il y a des enfants, soyez sûrs qu'il y a un arbre de Noël. Encore est-il bon de remarquer que, pour répandue qu'elle soit aujourd'hui, cette coutume des arbres de Noël était à peu près ignorée chez nous (sauf dans le Berry) avant la guerre de 1870. C'est à l'Alsace que nous l'avons empruntée, et il y a quelque chose de touchant dans cette adoption par

toute la France d'une coutume restée purement locale
jusqu'alors et qui évoque pour nous la chère province
perdue. A l'arbre de Noël s'attache, d'ailleurs, le
souvenir du grand Klaus, bien connu, lui aussi, des
anciennes familles alsaciennes.

« Toc! Toc! .

— Qui frappe à la porte?

— C'est moi, le grand Klaus, patron des petits
enfants sages, qui leur apporte un sapin tout chargé
de bonbons et de jouets et qui réserve aux méchants
une dégelée de coups de gaule... »

Et l'huis bâillait tout large, et *mein Herr* Klaus
entrait avec sa longue barbe de dieu polaire, ses
sourcils embroussaillés, sa robe de futaine, sa hotte
et son sapin. Klaus, en Alsace, est le petit nom
d'amitié du vénérable évêque de Myre, saint Nicolas.
Les enfants ouvraient de grands yeux, se serraient
peureusement contre leurs mères, et la poignée de
genêts que brandissait le bon saint leur communi-
quait un effroi salutaire. C'est tout ce que voulait
mein Herr : le rôle de croquemitaine lui convenait
assez peu et il ne l'acceptait qu'à son corps défen-
dant. Combien il préférait les cris de joie et les cla-
quements de mains qui succédaient à l'émotion para-
lysante du premier moment, quand, de sa hotte
vidée sur le parquet, sortaient, pendus aux branches
du fatidique sapin, les beaux polichinelles, les sacs
de pralines et les ménageries d'arches de Noë!

En Lorraine, il reprenait son nom français et faisait sa tournée accompagné du père Fouettard. Mon
ami René-Marc Ferry se souvient de l'y avoir ren-
contré déambulant au crépuscule par les rues pleines
de neige.

« Je revois encore sa barbe blanche, écrit-il, sa

mitre et sa crosse, les durs feuillages qu'il tenait dans ses mains croisées et qui brillaient sur la bure de son manteau; mais il avait aussi un sac plein d'amandes et de raisins secs, et sa voix était douce. Hélas! à côté de lui, son compagnon, son serviteur, le père Fouettard, portait des verges de bruyère et prononçait des paroles sévères dont l'à-propos étonnait les esprits enfantins. »

Saint Nicolas est un peu parent du bonhomme Noël : leurs physionomies du moins se ressemblent et leurs fêtes ne sont séparées que par un léger intervalle. Et, à mesure que l'année perdait de son caractère religieux, qu'on restreignait le nombre des fêtes chômées, il arrivait qu'on ne sentait plus la nécessité d'un dédoublement de cérémonies : c'est ainsi que le grand Klaus s'effaça peu à peu devant le vieux Noël.

Mais, si saint Nicolas nous a brûlé la politesse, son sapin magique a survécu. Il est, avec le gui et le boux, l'élément décoratif par excellence des veillées noélesques. C'est rarement un arbre, le plus souvent une branche fichée dans une caisse en bois, avec un peu de mousse au pied. Et il se fait, chaque année, de ces branches de sapin, un trafic considérable. Magnifique puissance de la tradition ! Noël est vieux comme le monde : avant de devenir une fête chrétienne, il fut, chez les Celtes nos pères, la grande fête de la germination. Et le gui, le houx, les branches de sapin, qu'on vend par les rues de ce Paris sceptique et gouailleur, mais si candide au fond, attestent la persistance du sentiment ancestral. Le nom même de Noël vient du latin *novellum*, qui nous a donné novel, nouvel, nouveau. *Sol novus*, qu'on retrouve dans l'office de Noël, fut longtemps

le nom du 25 décembre. Et les vieux cantiques
consacrent à leur tour cette étymologie :

> Hâtons-nous de nous rendre
> Près du *soleil nouveau...*

Mais que nous font les savants et leurs étymolo-
gies? Ne songeons qu'à la fête qui vient, à la jolie
fête traditionnelle qui a provoqué et qui provoque
encore d'un bout de la France à l'autre tant de coutumes charmantes, tant de manifestations d'une si
délicate mysticité. Glissons, si vous voulez, sur les
plus connues, telles que la coutume des souliers que
les enfants déposent dans les cheminées; ne nous
attardons pas non plus à la coutume des bûches de
Noël. L'usage en est fort ancien pourtant et s'est
pieusement conservé dans nos campagnes. Sans
l'énorme souche brasillante, un réveillon se pour-
rait-il concevoir? Le fait est que tous les foyers, ce
soir-là, ont leur clair feu de bois, ceux mêmes qu'on
n'alimente d'habitude que de fougères, de goémons
ou de bouses de vache séchées.

Longtemps à l'avance, en Bretagne, vous voyez
les pauvres errer dans les cépées ou le long des
talus plantés d'arbres, en quête de cette souche
morte abandonnée, *kef Nedelek*, la bûche de Noël,
dont les charbons éteints jouissent de propriétés
merveilleuses. En Normandie non plus, point de
bonne veillée sans une grosse *chouque* de hêtre ou
d'ormeau flambant à grand bruit sous le haut cham-
branle de la cheminée, tandis que cuit autour d'elle,
dans leurs chopines à fleurs, le *flip* cher aux gosiers

cauchois, mélange de cidre doux, d'épices et d'eau-de-vie. Ailleurs, dans le Bessin, par exemple, la bûche de Noël s'appelle *tréfoué*, du vieux mot roman *tréfoir*, que nous rencontrons dans notre langue dès le xiii° siècle; en Provence elle s'appelle *lou cacho-fio* et on l'aspergeait trois fois de vin avant de l'allumer en disant :

Dieu nous fasse la grâce de vivre l'an qui vient!
Si nous ne sommes pas plus, que nous ne soyons pas moins!

Que de jolies légendes, que de contes émouvants ou gracieux, sont nés là, parmi les flammèches d'or du *kef*, de la *chouque*, du *tréfoué* et du *cacho-fio!* S'ils s'interrompent un moment de prendre leur essor, c'est qu'à l'extérieur des pas se sont fait entendre dans la nuit et qu'une rumeur de voix grossissantes, sur un mode de plain-chant, est venue jusqu'aux réveillonneurs.

Place aux petits mendiants de la grande frairie décembrale! Noël est leur fête par excellence. Il y a encore quelques villes de l'Ouest où on les voit rôder de maison en maison, clamant l'*Aguilé*. Une baguette de saule écorcée aux doigts, ils frappent à l'huis pour demander leur part du festin. De fait, leur besace ne tarde pas à s'emplir, non de croûtes de pain, de reliefs abandonnés, mais de beaux et bons gâteaux de fine farine blutée exprès à leur intention. Cet usage des gâteaux est répandu dans toute la France. Aucune de nos provinces n'en a le monopole. Sous vingt noms différents on les retrouve : dans les apognes de Nevers, les cochenilles de Chartres, les bourrettes de Valognes, les corna-bœux du Berry, les cogneux de Lorraine, les cuigns de Bretagne, les aiguilans de Vierzon, les hôlais d'Argentan et les quénioles de la Flandre.

A Rouen et aux environs, on les nomme aguignettes. Le gentil vocable que celui-là !

Aguignette,
Miette, miette,
J'ons des miettes dans not' pouquette,
Pour nourrir vos p'tites poulettes !...

Passez, au soir tombant, le 24 décembre, dans la rue Grand-Pont et la rue de la Grosse-Horloge, vous n'ouïrez partout que ce refrain. Il est poussé par de petits pèlerins qui brandissent au bout de leurs bâtons des lanternes vénitiennes frappées d'un R. F. en grosses lettres rouges. Ne faut-il point marcher avec son temps et, pour fêter Noël, ces mioches n'en sont-ils pas moins de bons républicains ? Et, d'ailleurs, que voit-on, je vous prie, sur ces aguignettes rouennaises, honneur et gloire des *neulliers* de Darnetal, de Sotteville et de Maromme ? Un coq, le fier gallinacé national, emblème du peuple souverain !

Ainsi fraternisent sur une galette, comme ils devraient fraterniser dans l'esprit public, le présent et le passé, le progrès et la tradition.

Il est encore une de nos provinces où la veillée de Noël revêt un caractère bien pittoresque : c'est la Flandre. Le réveillon s'y appelle l'*écriène*. Mais l'*écriène* est surtout propre aux paysans. Figurez-vous, avec M. Ernest Laut, une salle basse, pavée de larges dalles en pierres bleues, meublée d'armoires et de huches aux ferrures luisantes et, dans cette salle, sous le vaste *rabatiau* de la cheminée, une trentaine de personnes, hommes, femmes, enfants, assises en cercle sur des *quéyères* autour d'un grand feu de sarments. Les femmes tricotent, font du crochet, *rassarcissent* des bas; les hommes tirent de leurs courtes *boraines* d'âcres bouffées blondes; la table, devant la fenêtre, est déjà encombrée de petits bols prêts à recevoir le moka. Et, cependant que l'odorant liquide s'égoutte dans la cafetière, un des invités, le plus ancien, qui est quelquefois aussi le mieux disant, se met à conter d'une voix chevrotante quelque belle histoire du temps passé, du temps que les bêtes parlaient et que les poules avaient des dents.

Même chez les mineurs des grands districts houillers, dans ces plaines enfumées et tristes où les corons, que surplombe le haut beffroi de la fosse, s'alignent en files monotones le long des routes et des canaux, la vigile de Noël, si nous en croyons M. Laut, a gardé quelque chose de sa primitive douceur. La maison, pour la circonstance, a été nettoyée de fond en comble; la table récurée à la brosse et au savon, les cuivres frottés, le carrelage lavé à grande eau. On réveillonnera cette nuit avec du boudin et des quénioles, sorte de galettes dorées, fleurant bon le froment et les œufs frais, et sur leur panse arrondie, comme sur un coussin, étalant un joli Jésus de sucre rose. Si le ménage est à l'aise, on achètera même un sapin de Noël coupé dans la forêt voisine et aux branches duquel on suspendra des jouets à bon marché, des bâtons de guimauve et des oranges. Il faudra voir la frimousse extasiée des bébés à leur réveil. Cris de joie, battements de mains, charivari délicieux, plus doux au cœur des parents que toutes les musiques et toutes les harmonies!...

Décidément, sur ce sol béni de la vieille France, aux quatre aires de l'horizon, en Gascogne comme en Lorraine, dans le Dauphiné comme en Bretagne, cette nuit de Noël n'est qu'une succession de merveilles. Étonnez-vous après cela qu'elle ait donné naissance à toute une littérature spéciale et que, parmi les productions de la muse populaire, il n'en soit point qui approche pour l'étendue et l'importance de cette branche du folklore national!

TABLE DES MATIÈRES

1803-10. — Coulommiers. Imp. PAUL BRODARD. — 4-11.

RÉCRÉATIONS FAMILIALES

La Récréation en famille, par Tom Tit. Un volume in-8°, *185 gravures, 4 planches en couleur*, broché. . 3 fr. 50
Avec reliure souple . . . . 4 fr. "

Les Maîtres de la Musique (*Piano et Chant*) : Petite Anthologie des Maîtres de la Musique depuis 1633 jusqu'à nos jours, par Léopold Dauphin. Un volume in-4°, *50 portraits* et fleurons, cartonné. . . . . 5 fr. »
Relié toile, tranches dorées . . . . 7 fr. »

Anthologie d'Art (*Sculpture - Peinture*) : Orient, Grèce, Rome, Moyen Age, Renaissance, xvii° et xviii° siècles, Époque contemporaine, par M. Alfred Lenoir, statuaire, inspecteur général de l'Enseignement du Dessin. Un volume in-8° grand jésus de 240 pages (19° × 28°) renfermant *224 Planches*, broché . . . . 7 fr. 50

Théâtre de Famille (*Les petits Chefs-d'œuvre oubliés*). Adaptation par M. Guéchot. In-8°, *illustré*, br . 1 fr. 50
Relié, toile souple. . . . . 2 fr. 10

Comédies et Saynètes (*pour la Jeunesse*), par E. Vesco. In-18, relié toile, 4 fr. 50 ; — broché. . . . . . . 3 fr. 50

Théâtre pour les jeunes filles, par M. Maurice Bouchor. In-18, relié toile, 4 fr. 50 ; — broché. . . . . . 3 fr. 50
Nausicaa — La Première Vision de Jeanne d'Arc
Le Mariage de Papillonne — La Belle au Bois dormant — Cendrillon.

ROMANS POUR LES JEUNES FILLES (39 volumes parus) : Chaque volume in-18, relié toile, 4 fr. 50 ; — br. 3 fr. 50
(*Demander le Catalogue* : Pour les Jeunes Filles.)

ROMANS POUR LA FAMILLE (16 volumes parus) : Chaque volume in-18, relié toile, 4 fr. 50 ; — broché . . 3 fr. 50
(*Demander le Catalogue* : Pour la Famille.)

DICTIONNAIRES - MANUELS

Dictionnaire des Écrivains et des Littératures, par FRÉDÉRIC LOLIÉE et CH. GIDEL. In-18, 920 pages, *300 gravures*, relié toile . . . . 6 fr. »

Dictionnaire des Idées suggérées par les Mots, par P. ROUAIX. In-18, 550 pages, *planches hors texte*, rel. toile . 6 fr. »

Dictionnaire de Géographie, par A. DEMANGEON. In-18, 870 pages, avec *figures, cartes et croquis*, relié toile 6 fr. »

Dictionnaire des Sciences usuelles, par E. BOUANT. In-18, 814 pages, *2.500 gravures*, rel. toile, tr. rouges 6 fr. »

Dictionnaire des Connaissances pratiques, par E. BOUANT. In-18, 748 pages, *1.600 gravures*, rel. toile, tr. rouges 6 fr. »

Dictionnaire d'Agriculture, par DANIEL ZOLLA. In-18, 780 pages *1900 gravures*, rel. toile, tr. rouges . . . 6 fr. »

Animaux de nos Pays : *Dictionnaire pratique*, par HENRI COUPIN. In-18, *660 gravures et 46 tableaux*, relié toile, tranches rouges . . . . 6 fr. »

Mots dérivés du Latin et du Grec (*Le Vocabulaire français*), par I. CARRÉ. (ÉDITION COMPLÈTE.) In-18, 600 pages, relié toile, tranches rouges. . . . . 5 fr. 50

Le Vocabulaire philosophique, par ED. GOBLOT. In-18, 490 pages, relié toile, tr. rouges. . . . . 5 fr. »

Vocabulaire d'Économie politique, par A. NEYMARCK. In-18, 470 pages, relié toile, tr. rouges. . . . . 5 fr. »

Éléments et notions pratiques de Droit, par HENRI MICHEL. In-18, 704 pages, relié toile, tr. rouges . . . . . 6 fr. »

La Pratique des Affaires (*Droit civil et Droit fiscal*), par P. BÉGIS. — Édition au courant de la législation. — In-18, 520 pages, relié toile, tr. rouges. . . . . 5 fr. »

(Envoi *franco*, sur demande, du Prospectus : DICTIONNAIRES-MANUELS).

Dictionnaire français illustré, par A. GAZIER : 800 p., 41.000 mots, 1.200 articles encyclopédiques, *914 gravures*, *28 cartes*. Un volume in-8° écu (13° × 20°) cartonné. . . . . 2 fr. 60

Relié toile rouge, tr. rouges . . 3 fr. 30